KiWi Paperback

KiWi 583

Über das Buch

Der weltweite Durchbruch und die Multimillionen-CD-Verkäufe von *Buena Vista Social Club* sind die überraschendste Erfolgsstory der jüngeren (Pop-) Musikgeschichte. Im Zeitalter der Videoclips gelingt einer bunt zusammengewürfelten Truppe kubanischer Musikveteranen mit der Neuaufnahme uralter Son- und Bolero-Lieder ein Welterfolg.

Der Kuba-Kenner Thomas Mießgang hat als erster Journalist im deutschen Sprachraum in der *Zeit* und verschiedenen Magazinen über die Musiker berichtet. In seinem Buch führt er die Leser ein in die Welt der traditionellen kubanischen Musik. Stars wie Rubén González, Ibrahim Ferrer, Compay Segundo und Omara Portuondo kommen zu Wort und schildern ihren steinigen Weg zum Ruhm: Sie erzählen von ihren unglaublichen Musikerkarrieren, die zum Teil bereits in den zwanziger Jahren begonnen haben, und geben Anekdotenhaftes aus der kubanischen Musikgeschichte zum Besten.

Das vorliegende Buch zeichnet ein sehr dichtes Bild einer Musik zwischen realsozialistischem Alltag und Hüftschwung, Sentimentalität und heiligem Eros und erlaubt einen Blick hinter die kommerzielle Inszenierung der fröhlichen Rentnerband.

Mit zahlreichen Fotos der Stars, einem Glossar zur kubanischen Musik und einer Liste mit den hundert besten Kuba-Platten.

Der Autor

Thomas Mießgang, geboren 1955, Studium der Germanistik und Romanistik. Redakteur beim ORF-Hörfunk, beim österreichischen Nachrichtenmagazin *Profil* und im Feuilleton der *Zeit*. Zahlreiche Publikationen und Hörfunksendungen zu kubanischer Musik und Kultur. Buchveröffentlichungen: SEMANTICS – Interviews mit Musikavantgardisten (1991), X-SAMPLE – Philosophische Gespräche am Rande der Zeit (1993).

Thomas Mießgang

Der Gesang der Sehnsucht

Die Geschichte des
Buena Vista Social Club
und der kubanischen Musik

Kiepenheuer & Witsch

Originalausgabe

1. Auflage 2000

© 2000 by Verlag Kiepenheuer & Witsch, Köln
Lektorat: Astrid Roth, Köln
Umschlaggestaltung: Philipp Starke, Hamburg
Umschlagfoto: Marianne Greber, Wien
Typografie: Katja Taubert, Köln
Gesetzt aus der Utopia und der Fenice
Satz: Greiner & Reichel, Köln
Druck und Bindearbeiten: Clausen & Bosse, Leck
ISBN 3-462-02895-2

Inhalt

DER KÖNIG DER ÄTHERWELLEN
Der Radiomoderator Eduardo Rosillo und die Suche nach dem real existierenden Buena Vista Social Club

ZIELLOS TREIBE ICH WIE RAUCH
Ibrahim Ferrer und die Kunst des Bolero

TRAURIGER TIGER DER TASTEN
Rubén González und die kubanische Tanzmusik

Anhang

Einleitung

Eine Platte mit folkloristischen Klängen aus Kuba an der Spitze der deutschen Hitparade? Eine Gruppe von Son- und Bolero-Veteranen, weit jenseits des Rentenalters, die in ausverkauften europäischen Konzertsälen Begeisterungsstürme entfacht? Ein Musik-Dokumentarfilm, der Schönheit und Verfall der Stadt Havanna in grobkörnigen Wackelbildern zelebriert und mehr als eine Million Zuschauer erreicht? Noch vor vier Jahren wäre ein solches Szenario unvorstellbar gewesen. Doch dann erschien die von Ry Cooder produzierte und von der kleinen englischen Plattenfirma World Circuit veröffentlichte CD *Buena Vista Social Club* und wirbelte das ganze Musikgeschäft durcheinander. Mittlerweile wurde die Produktion weltweit mehr als drei Millionen Mal verkauft. Als im vergangenen Jahr der gleichnamige Film von Wim Wenders über Compay Segundo, Ibrahim Ferrer, Omara Portuondo, Rubén González und Co. herauskam, gerieten die Kuba-Begeisterten vollends außer Rand und Band. Im Musikgeschäft der Gegenwart, wo Zielgruppen und Marktsegmente mit mikroskopischer Präzision lokalisiert werden, ist dies eine kleine Revolution. Auch die lange Lebensdauer von *Buena Vista Social Club* auf dem globalen Musikmarkt widerspricht allen Erfahrungsregeln. Üblicherweise wird ein „Produkt" mit großem Werbe- und Marketingaufwand lanciert und hat dann einige wenige Monate Zeit, die Kosten einzuspielen und Gewinn zu machen. *Buena Vista* aber steht mittlerweile seit drei Jahren in den Regalen der Plattengeschäfte und denkt nicht daran, daraus zu verschwinden.

Es gibt natürlich Erklärungen für diesen Erfolg. Zum einen wurde damit eine Gruppe von Käufern erreicht, die die Industrie als „Sleeper" definiert: Menschen über 30, gebildet, einkommensstark, potenziell an Musik interessiert, aber von der Fülle ständig wechselnder neuer Namen und Stile überfordert. Diese Schläfer sind aufgewacht und lassen sich von dem immer noch hochprozentigen Cocktail aus tropischem Sozialismus, undomestizierter Lebensgier und tränenseliger Nostalgie nach einer Welt von gestern berauschen.

Zum anderen aber ist das Kuba-Fieber auch die Folge einer gewissen Ermattung im Hinblick auf die Virtualitäten und Schattenbilder der schönen neuen Medienwelt. In Digitalien ist eine grenzenlose Sehnsucht nach dem Wahren, dem Guten, dem Unverfälschten ausgebrochen. Und Kuba, das Land mit der Patina der fünfziger Jahre und dem Aroma des Erotischen/Exotischen soll diese „Hands on"-Realität garantieren. Doch Authentizität ist nicht für den Preis eines Flugtickets oder eines Tonträgers zu haben.

Dieses Buch will die Wunschprojektionen nicht zerstören, sondern zeigen, dass sich hinter den fest etablierten Klischeebildern andere Wirklichkeiten, andere Mysterien, andere existenzielle Rätsel verbergen.

Kuba sei „eine Insel voller Doppeldeutigkeiten" hat der Romancier Guillermo Cabrera Infante einmal geschrieben. Jeder Hörer von *Buena Vista Social Club*, jeder Besucher des Wim-Wenders-Films sollte vorbereitet sein, sich auf ein Spiel der Maskeraden, der Täuschungen, der raffinierten Verschleierungen einzulassen, wenn er hinter die Benutzeroberfläche dieses Landes vordringen will.

DIE STIMME DER LEIDENSCHAFT
Omara Portuondo und die
Kultivierung des Gefühls

Im Aufnahmestudio

Omara ist müde. Zusammengekauert sitzt sie auf einem der ramponierten Fauteuils in einem schmucklosen Nebenraum des Egrem-Tonstudios. Omara Portuondo, Gesangslegende mit einer Stimme, die Glas zerspringen lassen kann und dann wiederum die Ohren streichelt wie ein Samthandschuh. Omara, die Veteranin der gefühlstrunkenen kubanischen *Filin*-Bewegung aus den vierziger Jahren. Die Diva des Deliriums und der verzweifelten Sehnsuchtstöne. *Te odio y sin embargo te quiero* heißt es in einem Lied. Ich hasse dich, und trotzdem liebe ich dich.

Aber heute ist Omara müde. Ihr Blick gleitet über die kahlen Wände und scheint doch nach innen gerichtet zu sein. Mindestens 30 Mal war sie schon im Egrem, um Lieder aufzunehmen. Oder noch öfter. Genau kann sie das nicht sagen. Die Erinnerungen purzeln durcheinander, vermischen sich zu Traumgespinsten. Hier, in der heruntergekommenen Calle San Miguel im Zentrum von Havanna, pochte jahrzehntelang das Herz der kubanischen Musik. In den beiden Studios, die von der amerikanischen Plattenfirma RCA Victor in den vierziger Jahren eingerichtet wurden, um lokale Talente gleich an der Quelle dingfest zu machen und für den großen Markt im Norden zuzuschneidern.

Die Session, die heute, am 7. Dezember 1999 beginnt, ist anders als die vielen anderen, die Omara hier vor Jahrzehnten schon erlebt hat. Die sie mit ihrer klaren, vibratoverliebten Stimme beherrschte und dirigierte. Der Unterschied zu früher wird durch genau vier Worte markiert: *Buena Vista Social Club.*

Der unverhoffte Welterfolg des Joint Venture zwischen dem englischen Produzenten Nick Gold, dem amerikanischen Musiker Ry Cooder und einer respektablen Garde kubanischer Son- und *Guajira*-Veteranen hatte vor gut drei Jahren eine dahindösende Musikszene wachgerüttelt. Fassungslos sahen die Inselbewohner zu, wie eine Gruppe von Ausländern kam, ein wenig an den alten Musikstücken herumschraubte, da und dort ein paar Teile entfernte und andere hinzufügte und damit einen Hit landete, wie es ihn im Sektor der sogenannten Weltmusik noch nie gegeben hatte. Wie haben die das gemacht, wird jetzt auf Kuba gerätselt. Wie haben die eine Musik, die nur noch ein Museumsstück zu sein schien, das ab und zu ein wenig abgestaubt wurde, so herausgeputzt, dass nun die ganze Welt dazu seufzt und tanzt?

Auch Omara Portuondo weiß nicht, was da eigentlich passiert ist. Wie die Sehnsuchtsnachfrage aus der überzivilisierten Ersten Welt und das Gefühlsangebot von der sozialistischen Insel so perfekt ineinander greifen konnten. Aber sie macht sich darüber auch nicht allzu viele Gedanken. Denn bislang hatte sie in der großen Inszenierung *Buena Vista Social Club* bestenfalls Chancen auf den Preis für die beste Nebenrolle. Ein intensiver Auftritt mit der legendären Komposition „Veinte Años" auf der ersten CD der Truppe, und auf der darauf folgenden So-

*Omara Portuondo 1999 während der
Aufnahmen zu ihrem Soloalbum.*

loplatte von Ibrahim Ferrer das geigenverzierte Tränen-Duett „Silencio".

Jetzt aber wird alles anders: Jetzt produziert Nick Gold, der Mann mit den magischen Händen, die erste Omara Portuondo-Platte nach der *Buena Vista*-Zeiten-wende. Das weckt Hoffnungen, in die Liga von Compay Segundo, Ibrahim Ferrer und Rubén González aufzu-schließen. Das macht aber auch Angst. Denn etliche Mil-lionen verkaufte Tonträger lassen den Erwartungsdruck beim Publikum wie auch bei den Produzenten steigen. Wird sich das Märchen von den Veteranen, die aus dem Ruhestand kamen, um die Welt zu erobern, ad infinitum fortsetzen lassen?

Darum ist Omara Portuondo müde, noch bevor die Musik überhaupt begonnen hat. In diesem Jahr wird sie 70 Jahre alt, 55 davon hat sie Musik gemacht. „Schau mal", sagt sie und zieht eine Fotografie aus der Tasche. Eine jüngere Omara ist darauf zu sehen. Bei einer Tour-nee mit der Orquesta Aragón in Japan im Jahr 1970. Die Haare kurz, der helle Hosenanzug mit Rüschen und Fal-ten zu einem Stoffgebirge aufgerüstet. Ein wenig wie Di-ana Ross sieht die Sängerin aus. Eine amerikanische Showgröße, die mit ausgebreiteten Armen die Welt um-armen möchte. *La Gloria eres tú* – du bist der Star.

Heute im Egrem trägt Omara Portuondo einen Trai-ningsanzug und flache Schuhe. Ihr Körper ist schwerer geworden, die Bewegungen langsam und vorsichtig. Nur ihr Gesicht hat den Charme der früheren Jahrzehnte be-wahrt. Reifer geworden zwar, aber immer noch fähig, mit einem Lächeln aus den Augenwinkeln zu bezaubern. Oft hat man den Eindruck, dass sich zwei Lebensschichten Omaras übereinanderlegen, wenn sie erzählt und gestikuliert. Erst ist da die alte Dame, die langsam spricht, Pausen macht, einem Erinnerungsfaden nachspürt. Und plötzlich, durch ein Gedankenbild aus der Vergangenheit erhellt, wird die Rede schnell und flüssig, beginnen die Worte zu tanzen und zu kreisen wie die Körper der Tänzerinnen im Tropicana. *Mueve la cintura* – schwing die Hüften: Der kategorische Imperativ für alle Sänger und Tänzer auf Kuba ist immer noch tief eingelagert in die Lebenswirklichkeit von Omara Portuondo.

„Was ist die Idee hinter deiner Soloplatte?" frage ich. „Was willst du mit ihr zeigen, welche Facetten deiner Persönlichkeit betonen?" Sofort altert Omaras Stimme, die gerade noch begeistert von Auftritten im Cabaret Sans Souci in den fünfziger Jahren erzählt hat, um einige Jahrzehnte. „Das musst du alles Nick Gold fragen. Er sucht die Stücke aus, er macht die Arrangements. Wir werden klassische Boleros aus den dreißiger Jahren aufnehmen, aber auch neuere Sachen von der *Nueva Trova*. *Un siglo de la música cubana* – ein Jahrhundert kubanische Musik. Frag Nick."

Die Stimme

Nick, der Motor, der Animator, der Mann, der Stroh zu Gold spinnen kann. Gerade kommt er aus dem Aufnahmeraum geschossen. In Jeans und schwarzem T-Shirt. Energiegeladen, aber etwas schaumgebremst. Der Beginn der Aufnahmen wird sich noch verzögern, sagt Nick. Die defekte Klimaanlage hat die Temperatur in traditioneller revolutionärer Solidarität mit dem ehemaligen russischen Brudervolk auf das Niveau von Sibirien heruntergefahren. Und der wohltemperierte Flügel, an dem Rubén González schon erste Fingerlockerungs-übungen macht, gibt nur noch hässliche Dissonanzen von sich. Jetzt warten alle verzweifelt auf den Klavier-stimmer. Doch der ist seit Stunden verschollen, hat angeblich unaufschiebbare Besorgungen zu machen. „Der Mann muss pünktlich da sein, wenn wir ihn bestellen", sagt Nick zu einem der Helfer, die in großer Zahl und ungeklärter Funktion herumstehen. Er dekoriert sein Gesicht mit einer strengen Stirnfalte. Und muss dann doch lachen. Wir sind auf Kuba. Und jeder unvorhergesehene Aufschub kann benutzt werden, um eine spontane Fiesta zu inszenieren. Mittlerweile sind fast alle Musiker eingetroffen. Die meisten waren auch schon beim Buena Vista Social Club oder den Aufnahmen der Afro Cuban All Stars dabei: der virtuose Trompeter Manuel ‚El Guaji-ro' Mirabál, der Posaunenspieler Jesús ‚Aguaje' Ramos, der Gitarrist Manuel Galbán, der Perkussionszauberer Amadito Valdés an den Timbales. Und natürlich die Lieblinge von *todo el mundo*: Ibrahim Ferrer, Rubén González und Eliades Ochoa. Schnell ist eine Flasche organisiert. Und schon gibts die gut gefüllten Rumgläser, sie bringen die Konversation in Schwung. Über die neuesten Base-ball-Ergebnisse der heimischen Meisterschaft wird gesprochen. Und über die Erlebnisse bei einer jüngst absolvierten Tournee in den USA – mittlerweile sind die Kubaner ja gern gesehene Gäste beim feindseligen Nachbarn im Norden. Wenn sie die netten Opas mit dicker Zigarre geben – und die Politik außen vor lassen. Die Stimmung steigt. Schon stellen sich Grüppchen zusammen und singen „Son de la loma" von Miguel Matamoros. Ein Lied, das auch auf der CD von Omara drauf sein wird. Und dann, als schon keiner mehr damit rechnet, kommt der Klavierstimmer und bringt den Klimperkasten wieder in Ordnung.

Die Klappe kann fallen, Omara Portuondo, die erste. Im Kontrollraum: Jerry Boys, der wohlbeleibte, weißhaarige britische Gentleman-Toningenieur. Schon bei *Buena Vista Social Club* hat er an den Reglern des Mischpults geschoben und den Endmix besorgt. Im altehrwürdigen holzgetäfelten Egrem-Aufnahmesaal, der aussieht, als ob gleich Nat ‚King' Cole vorbeischauen würde, hat sich eine Handvoll Musiker positioniert. Gemeinsam mit Omara Portuondo nehmen sie die Grundspuren auf, auf die dann Violinen, Trompeten, Saxophone und Posaunen übereinander montiert werden. Boleros als üppig ausgestattete Klang-Epen. Echokammern, in denen die glorreiche, grausame, sex- und vergnügungssüchtige Batista-Ära der vierziger und fünfziger Jahre nachhallt. Nick Gold ist der Verbindungsmann zwischen Kontrollraum und Studio. Nervös huscht er hin und her, rückt ein paar Mikrofone zusammen, gibt mit geflüsterter Stimme Anweisungen.

Und dann kommt Omara. Gebückt und unauffällig platziert sie sich am Rand. Vom Mischpult aus ist sie durch das riesige Sichtfenster kaum wahrzunehmen. Eine Nebenfigur würde man denken, bestenfalls eine Background-Sängerin. Doch dann, als die Claves, die zylinderförmigen Klanghölzchen, den Rhythmus vorgeben, als die Gitarre die ersten Arpeggien anstimmt, erklingt ihre Stimme. Und plötzlich ist Omara im Zentrum. Ein sinnliches Wispern in den tiefen Lagen: *Yo te ofresco mi amor* – ich biete dir meine Liebe. Dann ein Crescendo, ein Zittern zwischen Hoffnung und Verzweiflung, ein

19

klarer Spitzenton, der von der Emphase plötzlich in die Ironie kippt – heute verlangst du die Sterne und die Sonne von mir, aber ich bin nicht Gott –, ein blechernes Schmettern, ein Kraftstoß des Gefühls. Und dann kippt die Stimme wieder in die körperlose Zone, wo Worte nichts bedeuten und der fahle Atem der Verzweiflung schon alles sagt, was der Kopf noch gar nicht zu denken wagt. *Yo te ofresco mi amor,* meine Liebe, meinen Tod, mein Alles, mein Nichts.

Ein Minidrama in vier Minuten, eine Verdichtung des Lebens, eine ekstatische Transzendierung des Banalen. Mag Omaras Stimme auch in den hohen Lagen ein wenig an Glanz verloren haben, so ist ihr doch eine Weisheit und Lebenstiefe zugewachsen, die diesen Mangel mehr als ausgleicht. Eine belustigte Distanz zu den Exaltationen der Texte, die das Gefühl und den Schmerz nicht verrät. Jetzt kann Omara auch wieder lächeln. So wie damals im Fontainebleau in Miami oder im Tropicana in Havanna, wo die Leute von den Sitzen aufsprangen und ihr zujubelten. Und sie, wie eine Königin, die Ergebenheitsadressen huldvoll entgegennahm. *La reina de la canción* – die Herrscherin über das Lied, das Leid, über die entfesselten Massen und die verzweifelten Seelen.

Der Bann ist gebrochen, die Bandmaschinen rollen, und die Musik fließt ruhig und gleichförmig wie ein großer Strom. Am Abend eines langen Aufnahmetages steht noch „No me llores más" auf dem Programm. Ein Lied des blinden Tres-Spielers, Komponisten und Orchesterchefs Arsenio Rodríguez, der die kubanische Musik in den dreißiger Jahren revolutionierte. „No me llores más" – weine nicht mehr, ein Stück, das nach mehr Rhythmus verlangt. Ein Vehikel, das allen Musikern noch einmal die Möglichkeit bietet, ihre Kräfte zu bündeln und ihre Energien zu entladen. *Descarga!* – Los! ruft Bassist Orlando ,Cachaíto' López. Freie Fahrt für alle Instrumente. Improvisation! Und die Trommeln haken sich ineinander, formieren sich zu einer perfekt abgestimmten Rhythmusmaschine, Rubén González lässt seine dekorativen Klaviergirlanden über acht Oktaven tanzen. Und Cachaíto spielt dazu den Kontrapunkt. Mit traumwandlerischer Sicherheit platziert er seine Töne zwischen den starken Taktteilen. Piano und Bass scheinen sich kaum je zu begegnen und sind doch auf einer rhythmischen Meta-Ebene in einen intensiven Dialog verstrickt. Auf Kuba wird die Musik immer über die Bande gespielt. Da gibt es nicht die durchschlagende Simplizität eines Rock-Riffs, sondern man hat es immer mit einem komplizierten Geflecht aus Synkopen, metrischen Abweichungen, individuellen Akzenten zu tun. Ein bisschen erinnert die Musik an die hinfälligen Ladas, die über Havannas Straßen knattern: Ständig scheinen diese Autos auseinanderzufallen. Aber wie durch ein Wunder kommt man doch immer wieder am Ziel an. „Es stimmt, dass die kubanische Musik primitiv ist", hat der exilkubanische Romancier Guillermo Cabrera Infante einmal geschrieben, „aber sie ist von einem fröhlichen Charakter, hält immer unbändige Überraschungen bereit und hat etwas Unbestimmtes, Poetisches."

Cachaíto defiliert mit seinen Fingern noch einmal über das ganze Griffbrett des Kontrabasses, lässt das Lied von Arsenio Rodríguez mit einem tiefen Wummern ausschwingen. Feierabend! Reiche Ernte.

Der Zufall Buena Vista Social Club

Alle wollen raus aus Sibirien. Zum Glück sind die Tropen nur drei Schritte entfernt, jenseits der Studiotür. Auch Nick Gold, der den ganzen Tag von einer nervösen Spannung durchpulst schien, ist jetzt gelöst. Keinen Schluck hat er getrunken, nur eine Zigarette nach der anderen geraucht. Doch jetzt greift auch er zur Flasche, die jemand hat kreisen lassen. *„Buena Vista Social Club"*, sagt er nachdenklich, „war eigentlich ein Unfall, ein Zufall." Wir haben uns auf zwei Plastiksesseln mit Blick auf den Innenhof hinter dem Aufnahmestudio niedergelassen, in dem ein paar kümmerliche Pflanzen ein eher freudloses Dasein führen. „Ich hatte schon seit langem eine Idee. Ich wollte Musiker aus dem Osten Kubas, dem sogenannten Oriente, mit westafrikanischen Musikern zusammenbringen. Mein Interesse an Kuba stammt ja eigentlich von meinen früheren Produktionen mit Afrikanern. In Mali, im Senegal, auch in Zaire herrscht eine große Begeisterung für kubanische Musik. Man kannte die Gruppen, weil sie auf Kreuzfahrtschiffen die Küste Afrikas befuhren und dann in Dakar, Accra oder Abidjan an Land gingen und in den Hotels spielten. Auch kubanische Platten konnte man leicht kaufen: Ein Label namens GV vertrieb sie praktisch in ganz Westafrika. Wenn du einen afrikanischen Musiker kurz antippst, dann spielt er dir stundenlang kubanische *Canciones* vor. Lieder in einer Art von lautmalerischem Spanisch, das mit lokalen Dialekten gemischt wird.

Ich hatte also diese Idee. Und musste Musiker finden, die sie umsetzen konnten. Den Gitarristen und Sänger Eliades Ochoa hatte ich schon einmal in London und auf

Platten des verstorbenen *trovadors* Nico Saquito gehört. Er ist für mich der eigentliche Repräsentant der ländlichen *Guajira*-Musik aus Santiago de Cuba im Osten. Und dann war da noch ‚Barbarito' Torres, der die *Laoud*, die kubanische Laute, spielt und einige andere. Wir stellten ein Repertoire zusammen, das hauptsächlich aus Santiago-Musik bestand und warteten nur noch auf die Afrikaner aus der westafrikanischen *Griot*-Dynastie Kouyaté."

Doch die sollten nie kommen: Sie hatten ihre Pässe nach Burkina Faso geschickt, um die kubanischen Visa eintragen zu lassen. Und die Dokumente gingen auf dem Postweg verloren. Das Studio war gebucht, der Taxameter tickte. Wie gut, dass Nick Gold gerade ein paar Tage zuvor die Sessions zum Afro Cuban All Stars-Album *A toda Cuba le gusta* abgeschlossen hatte und aus den Musiker-Ressourcen dieses Projektes schöpfen konnte.

Die All Stars sind der Lebenstraum von Juan de Marcos González. Einem rundlichen, stets gut gelaunten, Schulter klopfenden, Hände schüttelnden Musikgenerator, der seit den siebziger Jahren damit beschäftigt ist, die Flagge des heiligen kubanischen Son gegenüber degenerierten Genres wie der Salsa und der kommerziellen Popmusik hoch zu halten. Seit langer Zeit war er mit der Idee herumgelaufen, Musikveteranen mit jüngeren Leuten zusammenzubringen und die fünfziger Jahre mit ihren großen Orchestern und glamourösen Cabarets wieder aufleben zu lassen. Bis er auf Nick Gold und sein Label World Circuit stieß, der das Abenteuer finanzieren wollte. „Wir hatten viel Glück", sagt Nick Gold und bläst auch heute noch spürbar erleichtert den Zigarettenrauch durch die Nase. „Wir erbten die Sänger Pío Leyva und Manuel ‚Puntillita‘ Licea und den Pianisten Rubén González, alle von der Afro Cuban-Session. Dann kam noch Compay Segundo hinzu und Ry Cooder als Gitarrist und Produzent. Und wir legten sofort los. Ein Konzept? Hatten wir nicht. Jeder begann einfach, Songs zu spielen, schlug diesen oder jenen Titel vor. Wir begannen ganz langsam, und nach sieben Tagen war alles im Kasten. Wir haben allerdings auch sehr hart gearbeitet. Am Repertoire, an der Instrumentation, an den Arrangements. Wir haben Sachen gemacht, bei denen die Kubaner sagten: ‚Das ist gegen die Regeln. Das könnt ihr nicht tun.‘ Wir nahmen beispielsweise einen *Danzón*, also den kubanischen Nationaltanz, ohne Timbales auf. Das ist fast ein Verbrechen. Aber es klang gut, also blieben wir dabei.“

„War euch eigentlich schon damals bewusst, dass ihr mit dieser Platte eine Goldmine angebohrt hattet?“ frage ich.

Nick Gold denkt kurz nach, zoomt zurück in die Zeit vor drei Jahren. „Es war schon eine unglaubliche Atmosphäre. Wir ahnten, dass da etwas Außergewöhnliches gelungen war. Aber drei Millionen verkaufte CDs? Niemals hätten wir das gedacht.“

Man habe gar nichts Besonderes gemacht, um die Platte zu bewerben. Einfach das Standardprogramm: hübsche Pressemappen in Umlauf gebracht, Medienleute angesprochen, die sich für kubanische Musik interessierten, oder, wenn nicht, versucht, sie dafür zu interessieren. „Geholfen hat sicher, dass Ry Cooder so stolz auf *Buena Vista* war, dass er Interviews gab. Eine Sache, die er normalerweise hasst. Da haben sich sicher einige Journalisten gedacht: Na gut, wenn ich ein Gespräch mit

Juan de Marcos González 1998 im Aufnahmestudio in Havanna.

Ry bekomme, dann schreibe ich eben ein paar Zeilen über das seltsame Kuba-Ding."

Ry Cooder ist sicher eine Schlüsselfigur im großen *Buena Vista*-Monopoly. Der nordamerikanische Ausnahme-Gitarrist und musikalische Wurzel-Sucher. Der Mann, den man „Mr. Grumpy" nennt, weil er Journalisten meist kurz und barsch abfertigt – wenn er überhaupt bereit ist, ihnen ein paar Minuten zu schenken. Bei *Buena Vista* war alles anders: Kurz nach dem Erscheinen der Platte im Jahr 1997 präsentierte sich Cooder freundlich, animiert, redefreudig. Auch ich hatte die historische Chance einer Telefonaudienz. Und Ry Cooder konnte kaum die Eröffnungsfrage abwarten, um dann gleich mit Anekdoten, Legenden, Fachsimpeleien loszusprudeln. „Der Auftrag, die Platte aufzunehmen, kam aus heiterem Himmel. Nick Gold rief mich an. Ob ich nicht Lust hätte, mit ihm nach Kuba zu fahren, um dort ein Projekt zu machen. Ich sagte: Klar, warum nicht. Ich war zum letzten Mal in den siebziger Jahren in Havanna gewesen. Aber ich wusste, dass man dort musikalische Schätze heben konnte. Und dann waren wir im Studio. In eine Situation hineingeraten, in der wir nicht viele Wahlmöglichkeiten hatten und mit dem arbeiten mussten, was wir vorfanden. Ich saß mit Leuten zusammen, die ich noch nie zuvor gesehen hatte und musste eine Musik machen, die ich noch nie gespielt hatte. Zum Glück sind die kubanischen Musiker nicht arrogant. Sie wollen dir etwas beibringen, sie wollen, dass du begreifst, worum es geht. Ich lernte en passant, beim Herumsitzen. Sie sagten: Spiel das so, und das da so. Und wenn ich es dann versuchte, grummelte der alte Compay Segundo: ,Falsch, falsch.' Und zwar so lange, bis ich es drauf hatte. Aber wehe dir, wenn du es nicht schnell lernst. Dann bist du draußen. Und keiner kümmert sich mehr um dich."

Das wesensfremde Element, die leichte Irritation, die Ry Cooder der kubanischen Musik zumischt, trägt viel zum Reiz von *Buena Vista Social Club* bei: lange, schleifende Slide-Gitarrentöne in „Chan Chan", schwüle Erotik des zitternden Klanges. *Se me sale la babita*, singen Eliades Ochoa und Compay Segundo. – Mir wird der Mund wässrig, wenn ich sehe, wie sie mit dem Hintern wackelt. – Durch die schwere Gitarre kommt ein dunkelgrauer Farbton von Blues-Melancholie in dieses farbenprächtige Gemälde tropischer Sinnlichkeit. Fremde Welten kollidieren. Genießen und konsumieren einander im Taumel des Zusammenstoßes.

„Die kubanischen Lieder mögen im ersten Augenblick einfach klingen", hat Ry Cooder in dem Telefongespräch noch gesagt. „Aber sie sind nicht simpel. Sie haben eine unglaubliche lyrische und melodische Komplexität. Das ist keine Bauernmusik. Sie ist irgendwo zwischen Folklore und Pop angesiedelt. Ein Zauberklang, der spanische, französische und afrikanische Elemente mischt. Alle Lieder auf *Buena Vista* sind sehr berühmt. Es sind die Songs, die man auf der Straße pfeift – zumindest die Leute über 30. Sing zwei Takte von ‚El Carretero‘, und jeder wird es wiedererkennen und lächeln. Und die Kubaner wollen ihre Musik mit dir teilen. Sie wollen, dass du ein Teil von ihr wirst. Hier herrscht nicht das Ausschlussverfahren der westlichen Kenner-Cliquen." Und dann knackt die Telefonleitung. Die Stimme versickert. Wird Teil der Fakten und Phantasien, der Mythen und Legenden, die sich bereits um *Buena Vista Social Club* ranken. *Hay un suave murmullo*, heißt es einmal auf der Platte. *En el silencio de una noche azúl.* – Ein zartes Murmeln im Schweigen einer blauen Nacht.

„Hat Ry Cooder als Produzent irgendetwas Besonderes gemacht?" frage ich Nick Gold, der Gedanken verloren den Film des Tages noch einmal ablaufen lässt. „Irgendetwas, das erklären könnte, warum gerade diese Platte unter all den Tausenden von Veröffentlichungen die Leidenschaft, die Verschwendungslust geweckt, das Sehnsuchtsherz von Millionen geöffnet hat?"

Gold winkt ab: „Da gab es keine Tricks, keine doppelten Böden. *Buena Vista* war eine kollektive Anstrengung. Das wuchs organisch zusammen und wurde immer größer. Tag für Tag. Wir haben die Musiker ganz eng nebeneinander platziert. Das war physische Interaktion, ein Knistern und Funkensprühen. Fast ein Liebesakt. Wir hängten die Mikrofone im Studio ganz hoch. Um den natürlichen Hall dieses wunderbaren Raumes auszunutzen. Um dem Sound Tiefe und Volumen zu geben. Wir haben uns beinahe mehr mit der Produktion des Klanges beschäftigt als mit dem Repertoire."

Havanna bei Nacht I

Es ist 22 Uhr. Die Fiesta bröselt langsam auseinander. Ein Teil der Leute ist bereits gegangen, um die *telenovela*, die lateinamerikanische Soap im Fernsehen nicht zu versäumen. Damit verschafft man sich – bei nur zwei Kanälen von Cubavision – die Grundration an Gesprächsstoff für den nächsten Tag. Als ich durch die Tür von Egrem ins Freie trete, ist das wie ein Zeitschritt durch vier Jahrzehnte. Ein *carro americano*, ein sorgfältig herausgeputzter Buick aus den fünfziger Jahren, schiebt sich durch die enge San Miguel. Aus den Lautsprechern dröhnt „Believe" von Cher. Drinnen sitzen ein paar schwarze Jungs mit umgedrehten Baseballkappen und Tommy-Hilfiger-T-Shirts. Die *chicos* grinsen dreist, der Fahrer lässt seinen Goldzahn blitzen: *Quieres tabaco?* – Willst du Zigarren? Eine Flasche Rum? Meine Großmutter? Oder meine kleine Schwester? Sie lassen den Motor aufheulen, blasen eine Abgaswolke in den dumpfen Geruch von Schimmel, verfaulendem Holz und Katzenpisse, der die Straße wie ein schäbiger Mantel umhüllt. Mädchen defilieren vorbei. In sehr hohen Schuhen und sehr kurzen Kleidern. Steppen zwischen den Schlaglöchern. Amüsieren sich königlich. Stimmen „La Bola" an, den Hit von Manolín, dem Salsa-Star. Überrennen fast einen alten Mann, der sein Hemd bis zum Bauchnabel aufgeknöpft hat und die *Granma*, die Parteizeitung vom Vortag, schwenkt. Auf der Suche nach einem Touristen, der ihm das Ding für einen Dollar abkauft. Als Souvenir. „Kommst du noch mit? Ins Jonny's?" fragt eine der jungen Frauen. Und deutet den *Tembleque* an, jenen kubanischen Tanz, bei dem die Pobacken zum Zittern gebracht werden.

Warum nicht? Nach der Überdosis Nostalgie im Egrem ist als dialektischer Gegenpol ein bisschen zeitgenössisches Kuba vielleicht ganz hilfreich. Im Taxi gleiten wir den Malecón, Havannas sechs Kilometer lange Flaniermeile, entlang. Vorbei an dem Hügel, auf dem wie eine uneinnehmbare Trutzburg das Hotel Nacional thront. Entlang der Hochhaussilhouetten von Vedado, die seit den fünfziger Jahren die Skyline von Havanna definieren. Manche der Gebäude wurden rasch hochgezogen und nie vollendet. Leere Fensterhöhlen blicken einem entgegen. Masken des Elends und der Verzweiflung. Wir durchqueren den Tunnel unter dem Rio Almendares, der ins Villen- und Botschaftsviertel Miramar führt. Jene unterirdische Röhre, die von Enrique Jorrín in einem *Chachachá* verewigt wurde. Der Ort, an den sich verliebte Paare zurückzogen, um sich im Schutze der Dunkelheit einander hinzugeben.

Das Jonny's heißt eigentlich Club Rio. Doch niemand benutzt diesen Namen. Es ist ähnlich wie mit den Straßen, die nach der Revolution umbenannt wurden, im Volksgebrauch aber ihre alten Bezeichnungen beibehalten haben. Am Eingang des Etablissements stehen kompakte, kurzhalsige Männer in leicht angegammelten Anzügen, die für Konservenmusik und ein bißchen Showprogramm dazu zehn Dollar kassieren. Das Jonny's: Ein Raum mit ansteigendem Boden, der an seinem höchsten Punkt von einer Bar bekrönt wird. Rote Tapeten im Stil eines Varietés der fünfziger Jahre. Bonbonfarbene und gelbe Scheinwerferspots. Latin Rap und Billigdisco aus übersteuerten Lautsprechern. Meine Begleiterin ist gleich verschwunden, nachdem ich den Eintritt bezahlt habe. *Al baño* – auf die Toilette. Natürlich kommt sie nie wieder. Das macht aber nichts. In Kuba verhält es sich mit den Frauen wie mit Gorgonenhäuptern: Wo eine abhanden kommt, wachsen sofort zehn nach. Im Johnny's hat sich alles versammelt, was von der P. N. R., der Revolutionspolizei Fidel Castros, von den Straßen gefegt wurde. Dubiose Gestalten, die mit geläufigem Sortiment – Zigarren, *chicas*, Marihuana – bei den Touristen hausieren gehen. Und Mädchen, die in einer Nacht mehr verdienen, als ein Universitätsprofessor in einem halben Jahr. Ein endloses Defilee von Körpern, Stimmen, Gesten und Traumbildern. Ein lautes Murmeln im Toben einer blauen Nacht. „Ich war noch nie hier", sagt Yamila. „Ich komme aus Holguín, vom anderen Ende der Insel. Ich habe eine Freundin nach Havanna begleitet. Sie ist mit einem Italiener verheiratet und kümmert sich um die Ausreisepapiere. Morgen fahre ich zurück." Morgen wird sie wieder da sein: dieselbe Geschichte, ein anderer Mann. „Alle meine Freundinnen sind *jineteras* – Prostituierte", sagt Viky. „Ich bin mit einem Deutschen verlobt. Reiner Zufall, dass ich heute hier bin. Morgen gehe ich zur Botschaft, um ein Visum zu beantragen." Morgen wird sie wieder hier sein. Oder im Comodoro. Oder im Café Cantante.

Habe ich etwas gelernt über Kuba im Jonny's? Passt alles zusammen in diesem Puzzle? Die mit zittriger Eleganz zelebrierte Gefühlskultur des Buena Vista Social Club? Und die harte Jagd nach dem Dollar in den Nightclubs? Die edle Einfalt und stille Größe der alten Lieder? Und die Parallelwelten zum Billigtarif im Haus der Illusionen?

Ein kanadischer Tourist spricht mich an, lädt mich auf einen Mojito ein. Muss unbedingt eine Geschichte loswerden. Von einem Mädchen, einer bildschönen Mulattin, die er am Malecón kennengelernt hat. Mit der er dann in den Salón Rojo im ehemaligen Mafia-Hotel Capri gegangen ist, wo früher die besten Tanzorchester gespielt haben. Heute werden dort zweitklassige Varieté-Nummern und drittklassige Bands geboten. Und ab Mitternacht regiert der gemeine Disco-Bumms. Das Mädchen habe einen Whisky getrunken. Und dann noch einen und noch einen. Sie habe getanzt wie eine Teufelin. Irgendwann die Schuhe mit den hohen Absätzen ausgezogen, um die Hüften besser kreisen zu lassen. Und dann hätten sie plötzlich in einem Taxi gesessen und wären ganz weit aus der Stadt gefahren. Nach Marianao, wo Havanna aussieht wie die dunkle Seite des Mondes. Schlaglöcher, räudige Hunde, die in unbeleuchteten Ecken winseln, obskure Gestalten, deren Blicke man wie Dolche im Rücken spürt. Das Taxi sei plötzlich weggewesen. Das Mädchen habe ihn an der Hand genommen und ihn in ein kleines, verwahrlostes Häuschen geführt. Ein Zimmer mit einem riesigen Ventilator, der gerattert habe wie der Rotor eines Hubschraubers. Sie sei vor der Statue einer Frau niedergekniet und habe seltsame Worte gesprochen: *Ochún, Tuá dila Moana a mé, Kuenda y brikuendé.* Sie habe in einen Topf gegriffen und ihm etwas Süßes über das Gesicht gestrichen. Honig sei es wohl gewesen. Dann habe sie aus dem dunklen Hintergrund des Raumes eine Matratze geholt und vor dem Altar mit der Figur ausgebreitet. Und dann könne er sich an nichts mehr erinnern.

Mir dreht sich alles im Kopf: Chan Chan und Juanika, singt Compay Segundo, die am Strand Sandburgen bauen. Zitternde Hinterbacken. Alte Männer, die sich mit dicken Zigarren fingierte Degenduelle liefern. Ein knatternder Break von den Timbales, der zwischen den Hirnhälften oszilliert wie ein Donnergrollen. Und mir fällt plötzlich ein Absatz aus dem Roman *Reise nach Havanna* des schwulen Autors Reinaldo Arenas ein, der von Kuba flüchtete und sich 1990 in den USA das Leben nahm: „Wie war es möglich, dass er nie zuvor begriffen hatte, dass eben dies das Leben war? Und dass für ihn – vielleicht für alle – lebendig sein hieß, in Gefahr zu sein, in naher Gefahr. Weil leben hieß, fremden, schönen, verhängnisvollen Körpern ausgeliefert zu sein, in einem Zimmer für eine Nacht."

Die Filin-Bewegung

Am nächsten Morgen sollen die Aufnahmen um zehn Uhr beginnen. Omara ist schon da. Der Rest der Mannschaft lässt sich noch Zeit. „Wie gehts?" fragt die Sängerin gut gelaunt. Die Zweifel sind verschwunden. Ob die Platte gelingen werde. Ob Omara die Chance habe, mit dem Buena Vista-Ticket eine weitere Lebensstation zu erreichen. Sie vertraut jetzt ihrer natürlichen Musikalität, ihrer Erfahrung, ihrer Stimme, die immer noch in der Lage ist, das Publikum in die Knie zu zwingen. „Mit 15 habe ich professionell zu singen begonnen", erzählt Omara. „Ziemlich jung. Ich probierte alles Mögliche aus.

Ibrahim Ferrer, Omara Portuondo, Nick Gold, Rubén González
(von links nach rechts) *1999 im Hinterhof des Egrem-Studios.*

Studierte ein bisschen. Gewann den zweiten Preis bei einem Gesangswettbewerb von Radio Cadena Habana. Dann nahm mich der blinde Pianist Frank Emilio in seine Gruppe Loquibambia. Und der Choreograph Alberto Alonso verpflichtete mich für sein Varieté." Kurze Zeit sang Omara auch im Quartett von Orlando de la Rosa und im Frauenorchester Anacaona, einem Ensemble, das mit völlig ausgetauschter Besetzung bis zum heutigen Tag existiert. Gegründet wurde Anacaona im Jahr 1932 während eines Studentenstreiks gegen den damaligen Tyrannen Machado. Von acht Schwestern, die den Namen Castro trugen – ohne allerdings mit dem späteren *máximo líder* verwandt oder verschwägert zu sein. Anacaona war die Blaupause für eine kubanische Spezialität: die *Orquestas femininas,* die auf der Insel so zahlreich wie wohl in keinem anderen Land der Erde gedeihen, und bei denen alle Instrumente, von Saxophonen und Trompeten bis hin zu den Trommeln, von Frauen bedient werden. „Das waren alles Fingerübungen", sagt Omara. „Ich experimentierte, musste meinen Weg erst finden." Bis sie Teil einer Gruppe von jungen Leuten wurde, die bereits in den dreißiger Jahren begonnen hatte, das Neue aufzuspüren. Die genug hatte von der alten *Trova*, von den ehrwürdigen Boleros mit Gesang und schlichter Gitarrenbegleitung, wie sie erst in Santiago und später auch in Havanna gesungen wurden. „Die kubanische Musik hatte immer schon viel Gefühl. Das wollten wir bewahren. Aber wir wollten es auch modernisieren. Die Zeiten waren anders geworden. Wir hörten viel nordamerikanische Musik: Benny Goodman, Helen O'Connor, Cab Calloway, den Jazzpianisten Fats Waller. Wir trafen in den Bars in den Vierteln Belén oder Cayo Hueso auf amerikanische Matrosen, die uns Billie Holiday und Ella Fitzgerald vorspielten." Die sich daraus entwickelnde Musikbewegung war eine instinktive Sache, ein Projekt ohne Masterplan, eine Revolution des Gefühls, eine gefühlte Revolution. Bald wuchs ihr auch ein Name zu: *El Feeling* oder – in der kubanifizierten Form – *Filin*. Ein Aufruhr des Privaten, ein Bündnis der zarten Seelen. Eine Musik, die von unten kam. Manche *Filinistas* waren Anstreicher, andere einfache Arbeiter. Kaum jemand hatte von Harmonielehre eine Ahnung. Zuerst traf man sich im Haus des traditionellen *trovadors* Tirso Díaz und seiner Söhne Ángel und Tirso, um vom Können des Alten zu profitieren und schließlich besser zu werden als er. Später fanden die Treffen auch im Freien statt. Im Parque Maceo oder beim Denkmal für das US-Kriegsschiff *Maine*, direkt am Malecón. *Filin* war fast so etwas wie eine frühe Hippie-Bewegung. Der Blick ging immer über die Uferpromenade hinaus. Auf das Meer, das Weite, Freiheit verhieß und die symbolische Verbrüderung mit der populären Kunst der USA. „La mer" heißt auch eine Komposition von Claude Debussy, der mit seinen Nonenakkorden und fließenden, oszillierenden Harmonien die musikalische Abenteuerlust der *Filin*-Bilderstürmer beflügelte: „Die Melodie verließ die beruhigte Zone der Tonalität", schreibt der Musikwissenschaftler Helio Orovio in seinem populären *Wörterbuch der kubanischen Musik*. „Sie wagte sich an neuartige Modulationen, die Harmonien öffneten sich, tonale und atonale Akkorde gingen eine morganatische Verbindung ein." Die Bewegung der aufgewühlten Seelen etablierte im Laufe weniger Jahre eine Vielzahl neuer Namen in der Musikszene Kubas: César Portillo de la Luz, José Antonio Méndez, Luis Yánez, Niño Rivera, Elena Burke, Aida Diestro, Bebo Valdés, Peruchín. Liederschreiber, Sänger, Arrangeure. Poeten des Alltags, die sich von der pathetischen Liebesrhetorik der alten *Trova* befreiten und eine nüchterne, klarere Sprache erfanden, um die Sachen des Herzens zu verhandeln. „Wir sangen oft mit geschlossenen Augen", sagt Omara. „Weil wir so in unsere Lieder versunken waren. Weil wir alles glaubten, was in den Texten stand. Wir Kubaner haben kein Problem damit, Gefühl und Leidenschaft zu zeigen. Ich glaube, wir verlieben uns in etwas, und das motiviert uns, treibt uns voran. Das ist der wichtigste Impuls in unserem Leben. Und manchmal schadet uns das auch. Weil wir zu wenig nachdenken. Weil wir uns nur schlecht organisieren können. Aber Leidenschaft haben wir wirklich genug."

Der Aufschwung des *Filin* überschnitt sich zeitlich mit allgemeinen Renovierungsarbeiten an der kubanischen Musik. In den zwanziger Jahren hatte noch der aus dem Oriente importierte Son mit seinen Sexteto- und Septeto-Besetzungen dominiert. Jetzt wurden die Gruppen immer größer, Bläser und Conga-Trommeln kamen dazu, man nannte die Ensembles Conjuntos. Arrangeure wurden deren Schlüsselfiguren. Der Kontrabassist Orestes López begann, im Orchester Arcaño y sus Maravillas die Rhythmen stärker zu synkopieren und fertigte erste Klang-Layouts für einen Stil an, der wenig später als Mambo weltweit berühmt werden sollte. Im Vergleich zu solchen Globaleroberungen war *Filin* eine sanfte Revolution. Eine Sache der Eingeweihten, ein Kommunikationscode unter Gleichgesinnten. „Die Komponisten unserer Musik wurden hier auf Kuba lange Zeit nicht anerkannt", meint Omara Portuondo. „Einer der Mitbegründer des *Filin*, José Antonio Méndez, ging 1949 nach Mexiko. Dort spielte er in Nachtclubs, im Radio, nahm fünf Langspielplatten auf, schrieb für unzählige mexikanische Sänger Stücke. Erst als er 1959 wieder nach Kuba zurückkam, wurde er als großer Meister gefeiert."

Heutzutage sind auf Kuba weniger die Brüche und Verwerfungen als die Kontinuitäten und Traditionslinien zu erkennen. Es gibt eine Kultur des *sentimiento* – des Gefühls, die von der alten *Trova* des späten 19. und frühen 20. Jahrhunderts, über das *Filin* weitergereicht wurde bis zu jüngeren Musikschöpfern wie Pablo Milanés und Silvio Rodríguez, die in den sechziger Jahren die *Nueva Trova* begründeten. Ein Gefühlskult, der die ewig gleichen, ewig jungen Themen durchspielt und mit neuen Modulationen und musikalischen Akzenten ausstattet: verlorene Liebe, Verrat, Eifersucht, Zweifel, Hoffnung, Fatalismus. Großes Melodrama, nur eine Handbreit vom Kitsch entfernt. Und wenn sich ein mittelmäßiger Sänger über diese Schwelle wagt, verfliegt der Zauber ganz schnell, und es bleibt das klebrige Gefühl des Betruges am Allerheiligsten der Existenz.

Der Trova-Altmeister Sindo Garay

„Für uns war jede Interpretation eines Liedes überlebenswichtig", sagt Omara Portuondo. „Es durfte nie zweimal gleich klingen. Das Gefühl musste jedesmal eine neue Form, eine neue Gestalt erhalten. Wir haben viel improvisiert, so wie die großen Jazzsänger, und die neuen Freiheiten genossen. Aber wir haben auch von den Alten gelernt. Kennst du Sindo Garay? Er war ein Genie, ein Unikum, der größte Meister der *Trova*, den wir auf Kuba je hatten. Er starb 1968 im Alter von 101 Jahren. Ich studiere gerade ein Lied von ihm ein, ‚Tardes grises'."
Sie beginnt, eine komplizierte Melodie mit vielen Chromatismen zu singen. Eine abstrakte Tonkonfiguration, die man eher einem intellektuellen Jazzmusiker zutrauen würde als einem Mann, der sich im Teenageralter im Zirkus als Akrobat und Clown durchschlug. „Hör mal", flüstert Omara. „Das ist außerordentlich: die Töne, die Halbtöne und die Verbindungen zwischen einer Note und der anderen. Ich kenne keine Melodie, die so schwierig zu harmonisieren ist wie diese. Daran haben sich schon viele Gitarristen die Zähne ausgebissen. Sindo war ein einfacher Bursche, er hat sich alles selbst beigebracht. Mich erinnert diese Melodie ein wenig an

nordamerikanische Musik. Aber das muss reiner Zufall sein. Denn 1915 gab es im Oriente nicht viele Möglichkeiten, darüber etwas zu erfahren."

In einem Eckchen abseits der *Buena Vista*-Hysterie verborgen ist der Mythos Sindo Garay bislang kubanische Privatsache: Er wurde 1867 in Santiago geboren und lernte lesen und schreiben, indem er die Hinweisschilder der Bordelle und Vergnügungsetablissements in der Umgebung auf ein Blatt Papier kopierte. Im Unabhängigkeitskrieg gegen Spanien diente er als Verbindungsmann. Seinen Kindern gab er, in Erinnerung an die ausgerottete Urbevölkerung Kubas, indianische Namen: Guarionex, Hatuey, Caonao und Guarina. Ein rebellischer Geist, immer der Sache des kubanischen Volkes verpflichtet, und von der Musik besessen. Sindo Garay hat schon im Alter von zehn Jahren sein erstes Lied geschrieben. Später schloß er sich Pepe Sánchez an, dem ersten Großmeister der kubanischen *Trova*. Im Windschatten des Gründervaters lernte er schnell und übertraf seinen Lehrer bald an musikalischem Raffinement und poetischer Sensibilität. Er war Zeitzeuge – er hatte die Unabhängigkeitskriege, die wechselnden Diktaturen von Machado, Grau, Prío und Batista, die revolutionäre Epoche erlebt – und Musikschöpfer zugleich, authentische Stimme des kubanischen Nationalbewusstseins und freigeistiger Bohemien. Seine Komposition „La Bayamesa" zum Beispiel handelt von einer Frau, die im Befreiungskrieg von 1868 lieber ihr Haus verbrennt, als es in die Hände der Spanier fallen zu lassen. Das Lied ist ein patriotisches Manifest, die inoffizielle Nationalhymne eines Landes, das bis zur Revolution immer Spielball ausländischer Mächte mit handfesten materiellen Interessen war. Auf *Buena Vista Social Club* wird dieses Lied von Manuel ‚Puntillita' Licea, Ibrahim Ferrer und Compay Segundo gesungen.

Um die Person von Sindo Garay ranken sich Legenden und Anekdoten, die ehrfürchtig von Generation zu Generation weitergereicht werden und beinahe schon kanonischen Charakter haben. Etwa die Geschichte von seiner Begegnung mit dem puertorikanischen Komponisten Juan Campos, den er während einer Tournee mit dem Zirkus Los Caballitos de Griñán in San Juan in Puerto Rico besuchte. Campos sang Garay und seinem damaligen Duettpartner Emiliano Blez seinen berühmtesten Walzer vor. Dann bat er die Kubaner, doch eines von Sindos Liedern zum Besten zu geben. Die beiden sangen eine *Criolla*. Juan Campos war ungemein beeindruckt vom melodischen Reichtum der Musik und im Speziellen von der raffinierten Führung der zweiten Stimme. Er brachte Papier und Bleistift und bat Garay und Blez, das Lied für ihn zu notieren. Die Kubaner sahen sich an und begannen, laut zu lachen. Campos war irritiert und fragte, was der Grund für ihr Gelächter sei. Darauf antwortete Sindo Garay: „Wir spielen alle unsere Lieder nur nach Gehör. Ich habe keine einzige meiner Kompositionen je aufgeschrieben. Weil ich gar keine Noten lesen kann."

Noch schöner, noch aufschlussreicher ist die Überlieferung eines Zusammentreffens von Sindo Garay mit dem deutschen Konsul und Musikwissenschaftler Hermann Michelson in Santiago de Cuba im Jahr 1890: Der damals blutjunge Sänger hatte den eleganten Schneider und Liedermacher Pepe Sánchez zu einer Abendsoiree begleitet, die im Hause des Deutschen stattfand. Die Nacht war heiß, die Stimmung gut. Man rauchte, trank und plauderte. Und irgendwann begann man, Musik zu machen. Pepe Sánchez eröffnete mit einem seiner Boleros, die ihn in der Stadt berühmt gemacht hatten. Und Michelson konterte mit Auszügen aus Wagners Tannhäuser-Partitur. Unbeachtet von der animierten Gesellschaft stand Sindo Garay, der Junge aus der Gosse, neben dem Piano und sah fasziniert zu, wie die Finger des Konsuls virtuos über die Klaviatur huschten. Diese endlosen Melodiegirlanden! Diese Chromatismen, die sich wie ein Wasserfall in den Raum ergossen. Für einen Teenager, der nur die simple Harmonik der Volkslieder und der traditionellen *Habaneras* und *Criollas* kennengelernt hatte, war die Verfeinerung der europäischen Fin de Siècle-Musik eine Offenbarung. Sindo Garay verließ den Raum, zu Tränen gerührt, ohne auch nur auf Wiedersehen zu sagen. Ein paar Tage später klopfte er an die Tür von Konsul Michelson und fragte ihn schüchtern, ob er ihm ein Lied vorspielen dürfe. Es war die Komposition „Germania", heute Teil des Standardrepertoires der kubanischen *Trova*. Eine Melodielinie mit vielen Halbtönen und großen Intervallsprüngen. Fast wie ein Kunstlied aus der europäischen Spätromantik. Eine tropische Replik auf die sublimsten Ergüsse, die die überreife Kunst der sogenannten Ersten Welt hervorgebracht hat. Sindo Garay sagte dem deutschen Konsul noch, er habe das Lied zu Ehren jenes Mannes geschrieben, „der harmonisch nicht still halten kann". Und Michelson erinnerte sich, dass ihm Pepe Sánchez den Jungen mit den Worten vorgestellt hatte: „Hier bringe ich dir ein wirkliches Musikgenie."

„‚Germania' …", summt Omara Portuondo, legt den Kopf leicht schief und horcht weit zurück in die Vergangenheit. „Du darfst nicht glauben", sagt sie, „dass wir *guajiros* – Bauern sind. Wir kannten Bach, Beethoven, Schubert, Liszt und die Strauß-Walzer. Aber wir haben eben auch Afrika im Blut, die Rhythmen, die Kulte, die Tänze. Das macht unsere Musik so explosiv. Das gibt ihr den ganz speziellen *sabor*. "

Zum ersten Mal stoße ich auf dieses Wort: *sabor*. Mit „Geschmack" ist es nur unzureichend übersetzt. *Sabor* ist ein Schlüsselbegriff der kubanischen Musik und meint viel mehr: die Würze des Klanges, die Erotik eines verzögerten Trommelschlages, einer Synkope, die Reibungshitze zwischen den Instrumenten, die Trance, wenn die Musik beginnt, die Musiker zu spielen.

Das Cuarteto d'Aida

„**O**hne *sabor* kannst du die Musik vergessen, den Tanz, den Sex – einfach alles", sagt Omara und lächelt. „Ich hatte das Glück, von den frühen fünfziger Jahren an in einer Gruppe zu singen, die davon genug hatte, um damit die ganze Insel zu versorgen: dem Cuarteto d'Aida. Darum blieb ich auch 15 Jahre lang dabei." Das Ensemble, geleitet von der Pianistin und Arrangeurin Aida Diestro, habe die besten Frauenstimmen zusammengebracht, die aus der *Filin*-Bewegung hervorgegangen seien. „Wir hatten Moraima Secada als erste Stimme, Elena Burke mit ihrem tieferen Kontra-Alt. Und dann waren da noch Haydée Portuondo und ich." Das Cuarteto d'Aida zelebrierte großes Showbiz mit Big Band-Donner und sorgfältig gesetztem Harmoniegesang, aus dem sich die Solostimmen heraus schälten wie aus einem teuren Pelzmantel. Hysterischer Jazz, Hollywood-Harfen, überdrehte Kiekser, wildes Timbales-Gerassel, melancholische Trompeten-Soli und zimtbraune Kleinmädchen-Koketterie. „Las Mulatas del Chachacha" hieß eine der berühmtesten Nummern des Cuarteto. Die Gruppe debütierte im Programm „Carousel de las Sorpresas" der Radio- und Fernsehstation CMQ und war sofort ein Sensationserfolg. „Wir spielten in allen Provinzen Kubas und in den großen Cabarets und Nachtklubs, wie dem Sans Souci oder dem Tropicana. Unser Repertoire war sehr gut, *muy cubano* – sehr kubanisch. Und wenn ausländische Künstler wie Nat ‚King' Cole oder Sarah Vaughan hier gastierten, sangen wir oft mit ihnen gemeinsam. Einmal waren wir sogar mit Edith Piaf im selben Programm." Auch die Revolution konnte den Erfolg des Cuarteto d'Aida nicht mindern. Erst der Zahn der Zeit setzte der Gruppe zu. Nach und nach sprangen die Mitglieder ab. Bis schließlich 1967 Omara Portuondo als letzte der Originalbesetzung das Ensemble verließ und einen Alleingang wagte. „All die Jahre, die seither vergangen sind, habe ich das Cuarteto d'Aida nie vergessen können", sagt Omara. „Wir haben dort alle unglaublich viel gelernt. Es war vielleicht der wichtigste Teil meiner künstlerischen Laufbahn." Ihre Solokarriere ging oft bedenklich in Richtung nordamerikanischer Mainstream und unterwarf alles, was einst *muy cubano* war, dem Diktat der konfektionierten Massenproduktion. Das mag auch der Grund dafür sein, warum sich Ry Cooder auf die Frage der Zeitschrift *Folk Roots*, ob er sich eine Plattenaufnahme mit Omara vorstellen könne, außerordentlich bedeckt hielt: „Sie könnte auf jeden Fall ein großes Album machen. Aber mit Leuten, die sich im eher kommerziellen Bereich bewegen, ist die Arbeit nicht un-problematisch. Es gibt eine Nahtstelle zwischen dem Po-pulären und dem Folkloristischen. Genau dort befindet sich Compay Segundo. Mit Omara muss man als Produ-zent sehr sorgfältig navigieren."

Diese grundsätzliche Skepsis ändert nichts daran, dass Omara eine der größten Frauenstimmen ist, über die Kuba heute noch verfügt. Eine Stimme, die ein halbes Jahrhundert überwölbt, die durch ihre Gegenwart allein viel mehr über Liebe, Leben, Schmerz und Verzweiflung erzählt, als die Texte ihrer Lieder mitteilen können.

„Wie bist du eigentlich zum Singen gekommen?" frage ich. „Wann und wo hat dich die Musik so gepackt, dass du ihr nicht mehr entfliehen konntest?"

Omara lacht, legt mir die Hand auf die Schulter: „Du wirst es nicht glauben, aber niemand in meiner Familie hat ein Instrument gespielt. Mein Vater hörte gerne Mu-sik. Er legte Platten auf und sang gemeinsam mit meiner Mutter dazu, im Duett. In seiner Jugend besuchte er die-selbe Schule wie ein berühmter Komponist und Orches-terleiter: Eliseo Grenet. In dessen Haus gab es ein Klavier. Und mein Vater war immer dort, hörte sich Lie-der an. Er hatte ein gutes Ohr und ein hervorragendes Rhythmusgefühl. Meine Eltern waren mein erster und wichtigster musikalischer Einfluss. Das Stück ‚Veinte Años' zum Beispiel, das wir heute aufnehmen werden, habe ich von meinen Eltern gelernt, als ich noch ein ganz kleines Mädchen war."

Die trovadora María Teresa Vera

„Veinte Años": Ein Mikrodrama von einer Liebe, die im Laufe der Jahre abhanden gekommen ist. *Es un pedazo del alma que se arranca sin piedad* – wie ein Stück Seele, das einem brutal herausgerissen wird.

„Veinte Años" war schon ein Glanzstück auf der *Buena Vista Social Club*-CD. Aber Omara Portuondo ist mit dem Stück noch nicht fertig. Dieses Lied von der Urmutter aller aller kubanischen *trovadoras*, María Teresa Vera, hat ihr ganzes Leben begleitet. In der Kinderzeit, bevor die Liebe in ihr Leben trat, war „Veinte Años" unverständliche Prophetie, eine Ahnung von den existenziellen Turbulenzen und der Hölle, die die Abwesenheit des Anderen bedeutet. Im Erwachsenenleben enthüllte die Melodie ihren tieferen Gehalt und ließ sich als Orakel befragen, wenn das Mysterium der Leidenschaft mehr Fragen aufwarf, als es Antworten gab. Und jetzt, im Alter, steigt vom Boden der Komposition ein bitterer Geschmack auf. Ein Gefühl schicksalsergebener Resignation. Als ob jemand ein kostbares Goldgefäß, das ihn an vergangene Feste erinnert, aus dem Schrank holt, um es noch einmal abzustauben und dann endgültig wegzustellen. Das Gefühl, im Grunde immer schon gewußt zu haben, dass das Leben Illusion ist und sich auf Verrat gründet.

Omara sitzt jetzt im Aufnahmestudio. Sie hat die Augen geschlossen. Mit dem Mund formt sie die ersten Zeilen des Textes. Versucht, ihr Herz in die Worte hinein zu geben. *Qué te importe que te amé. Si tu no me quieres ya?* – Was bedeutet es dir schon, dass ich dich liebe, wenn du mich nicht mehr willst. Omara ist jetzt ganz weit weg. In einer sepiabraunen Erinnerungswelt, wo zerkratzte

Schellack-Platten kreisen und dünne, körperlose Stimmen den Gesang der Sehnsucht anstimmen. Es ist das längst versunkene Universum der Sängerin und Komponistin María Teresa Vera, über die der Musikwissenschaftler Cristóbal Díaz schrieb: „Sie hatte eigentlich keine Chance. Sie war Frau, Mulattin und sie kam aus Pinar del Rio, aus der tiefsten Provinz." Aber María Teresa Vera schaffte es, sich in der unerbittlichen Musik-Männer

Beny Moré (links) *und María Teresa Vera* (rechts) *während eines Fernsehauftritts in den frühen fünfziger Jahren.*

welt von Havanna zurecht zu finden. Und zwar nicht als Showgirl, als tanzende Bonbonniere mit Federschmuck und Rüschenkleidchen – dafür war sie auch zu wenig hübsch –, sondern als ernst zu nehmende *trovadora*, die ihre Talente am besten im schlichten Duo-Format entfalten konnte. Ein berühmtes, leicht verwittertes Foto zeigt María Teresa in den zwanziger Jahren: Der Körper ist in dickes Tuch gehüllt, der Kopf von einem breitkrempigen Sombrero bedeckt. Die auf ein Knie gestützte Gitarre hält sie wie einen Schild vor sich. Diese Frau musste sich panzern. Aber ihr Blick verrät keine Angst: Wach, intelligent, neugierig ist sie, bereit, viel zu riskieren. Aber sie wird sich auf keine Spiele einlassen, die sie nicht gewinnen kann.

Um 1910 machte María Teresa Vera in Havanna von sich reden. Sie gab ihr Debüt im Politeama-Theater mit dem Lied „Mercedes" von Manuel Corona. Bald gehörte sie fest zum Zirkel jener Sänger, die in den Kinos zwischen zwei Stummfilmen ein Kurzprogramm absolvierten, um dem Publikum die Zeit zu vertreiben. Eine stille, bescheidene Frau, die auf der Straße mit großer Eleganz Zigaretten oder kleine Zigarren rauchte und vor jedem Auftritt zwei Gläser Cognac zu sich nahm.

Rund um die Sänger in Havanna war eine Boheme-Szene entstanden: In den Cafés trafen sich Intellektuelle, wohlhabende Tagediebe, Poeten, die Melodien für ihre Verse suchten. Oft glichen diese informellen Treffen den Versammlungen von Gilden oder Bruderschaften: Man spielte sich neue Lieder vor, tauschte Ideen aus, übte Variationen traditioneller Elemente ein, wagte abenteuerliche Überschreitungen der Konvention. Die traditionelle kubanische *Trova*, die sich von den spanischen *Zarzuelas* und Operetten nährte, hatte den Höhepunkt ihrer Meisterschaft erreicht. María Teresa erlernte die großen Kompositionen ihrer Epoche. Stücke wie „Confesión" von Rosendo Ruiz, „Condenago" von Emiliano Blez oder „Nena" von Patricio Ballagas. „Wer ‚La Rosa No. 1' und ‚La Rosa No. 2' von Pepe Sánchez singen kann", sagte sie einmal, „der hat es geschafft." Lieder waren in jener Zeit wie Briefe, die sich die *cantadores* – die Sänger – gegenseitig zukommen ließen, und die nicht selten mit einer prompten Antwort bedacht wurden. Auf „Timidez" von Patricio Ballagas replizierte Manuel Corona mit „Contestación a Timidez". Später schuf er noch eine weitere Version, die unter dem Namen „Animada" herausgebracht wurde. Manuel Corona, ein kräftig gebauter Mulatte mit feinen Gesichtszügen, der im edel ausgestatteten La Marina Café in Hafennähe residierte, war überhaupt ein Meister solcher Repliken, meint die Musikkennerin María Teresa Linares: „Er hatte für seine Geliebte ein Lied mit dem Titel ,La Alfonsa' geschrieben. Dann bemerkte er, dass die zweite Stimme genügend melodischen Reichtum hatte, um noch einen Text darauf zu schreiben und einen weiteren Song daraus zu machen. Schließlich überarbeitete er die Komposition noch einmal und hatte zum Schluss dann vier unabhängige Melodielinien mit vier verschiedenen Texten." Diese monumentale Letztfassung wurde mit den Stimmen von Manuel Corona, Patricio Ballagas, Rafael Zequeira und María Teresa Vera vorgetragen. Ein Höhepunkt der *Trova* und gleichzeitig ihre Götterdämmerung. Denn in den zwanziger Jahren rollte der *Oriente*-Express und fegte mit dem rhythmischen Son aus Santiago, auf den man tanzen konnte, die besinnliche *Trova* einfach weg. Dazu kam der Aufstieg des abendfüllenden Tonfilms, der die Sänger einer wichtigen Auftrittsmöglichkeit beraubte. Wer jetzt nicht abgehängt werden wollte, musste blitzschnell umsteigen. Auch María Teresa Vera versuchte sich mit ihrem Sexteto Occidente am Son – durchaus mit Erfolg. Aber wirklich heimisch wurde sie in diesem Genre nicht. Dazu kam, dass ihr langjähriger Duo-Partner Rafael Zequeira gestorben war. Für María Teresa begann eine schwierige Zeit. Sie taumelte in eine Lebenskrise, aus der sie sich mit Hilfe der Götter zu befreien versuchte. 1933 wurde sie Anhängerin der afrokubanischen *Santería*-Religion. Als Tochter von Ochún, der Göttin der

Liebe, Leidenschaft und Verführung kleidete sie sich weiß und schmückte sich mit gelben Halsketten. Die *itá*, die religiöse Vorschrift, verbot ihr den Gesang. Drei Jahre lang hielt sie sich daran. Dann kehrte sie zurück, gestärkt, gereift. Und schuf mit „Veinte Años" jenes Lied, an dem sich jeder Sänger, der der Sache des Gefühls verpflichtet war, messen lassen musste. „Ich war die Freude deines Lebens, in einer Zeit, die lange zurück liegt …" Eine Stimme aus dem Hohlraum der Jahre. Von altmodischen Mikrofonen eingefangen und als Schattenriss in die Gegenwart transportiert. Eine rauhe, heisere Stimme, die der geschliffenen Salonkultur der Stadt fast trotzig die derbe Urwüchsigkeit der Bauern aus der *Vuelta abajo* im Westen Kubas entgegenhält.

Die Bandmaschinen im Egrem laufen wieder. Omara ist mittlerweile beim dritten Take angekommen. Sie hat sich an das Stück herangetastet. Einen Weg gefunden, wie sie ihm eine unerwartete Nuance, eine letzte, nie gekannte Seelenregung abtrotzen kann. Die Begleitung hinkt jedoch noch hinterher. Nur ein kleines Grüppchen von Musikern zeichnet die Grundspur auf: Gitarre, Bass, ein bisschen Perkussion. Aber Manuel Galbán hat Schwierigkeiten, seine aufgelösten Akkorde in perfekten Einklang mit den Bassfiguren zu bringen. Ausgerechnet er, der Meistergitarrist, der in den sechziger Jahren mit der virtuosen Harmoniegesangsgruppe Los Zafiros ganz Kuba begeistert hat. Und dessen musikalischer Übersicht und strengem Regiment es zu verdanken war, dass das chaotische, dem Suff ergebene Ensemble nach den ersten Erfolgen nicht gleich wieder auseinanderbrach. *Problemas, problemas.* Manuel müht sich mit der Einleitung ab. Immer wieder gleitet die Hand am Griffbrett ab, stört eine hässliche Dissonanz die eitle Harmonie der ersten Akkorde. „Er wird schnell nervös", flüstert einer der Helfer im Studio. „Er braucht den Kontakt mit anderen Musikern. Die Hitze des Gefechts." Also Pause! An der schmucklosen Holzbar im Nebenraum wird diesmal Bier herumgereicht, die neuesten Witze erzählt, die Baseballergebnisse vom vergangenen Wochenende noch einmal durchgesprochen. Krisenstimmung kommt nicht auf. „Zwei Drittel der Aufnahmen sind schon im Kasten", meint der hagere britische Assistent des Toningenieurs. „Der Gipfel des Berges ist erreicht. Das heißt, das Schwierigste liegt schon hinter uns." Beim zweiten Anlauf gibt es keine Probleme mehr. Bass und Gitarre erklingen in perfekter Harmonie. Und Omara Portuondos Stimme lässt sich von dem fliegenden Teppich der Instrumente ganz weit hinauf in die Lüfte heben. „Ein schönes Lied", schreibt der kubanische Musikjournalist Tony Evora, „ist nichts anderes als eine Reihe von in Worten gefassten Bildern, die eine Vielzahl von Metaphern nach sich ziehen. Und wenn sie dazu noch in eine unvergessliche Melodie gekleidet sind, die, trotz der Klage einer zerfleischten Seele, das Blut zum Herzen treibt, dann ist uns das Lied willkommen. Denn wir erleben mit ihm das Mysterium der Liebe, immer und immer wieder."

Havanna bei Nacht II

Nach der langen Aufnahmesitzung lasse ich mich wieder durch die Stadt treiben. In den engen Straßen im Zentrum von Havanna türmen sich die Schutthalden auf. Vor den Häusern mit den zerfressenen Fassaden und

den verrosteten Fenstergittern sammeln sich Leute, ge-
lockt vom Flackern der Fernseher. Ich rufe einen *ciclo*
heran, eine Fahrraddroschke, die mit Lautsprechern
ausgerüstet ist und die neuesten Salsa-Hits hämmert.
„Schau mal", sagt der Fahrer, als wir diesmal den Malecón entlangfahren, und deutet auf die Polizisten in ihren
blauen Uniformen, die sich im 50-Meter-Abstand pos-
tiert haben und die Promenade bewachen. „Keine Mädchen mehr. Fidel hat aufgeräumt." Wir stoppen auf dem
großen Platz hinter dem Hotel Nacional. Eine Bar im
Freien, die Cola ist zu einem Klumpen gefroren. Schon
erhebt sich wieder das Nachtgeflüster, die eindeutigen
Blicke und die zweideutigen Gesten zeigen sich. Die Illu-
sionsmaschine arbeitet. 24-Stunden-Service, wie ein
Werbespruch auf den Tankstellen verheißt. Fidel kann
den Besen doch noch nicht wegpacken. Ich gehe die
paar Schritte hinüber zum Gato tuerto, einem tradi-
tionsreichen Bolero-Lokal. Fluchtort stilisierter Gefühls-
exaltationen im dichten Nebel des Zigarrenrauchs.
Neben der Bühne sitzt eine ältere Frau im Rollstuhl. Ma-
jestätisch, regungslos, wie eine Statue. Umgeben von
einem Haufen Männer, die wild herumfuchteln, ihre
Handys befingern und den Kellnern ihre Wünsche zuru-
fen. „Wer ist die Frau?" frage ich meinen Thekennach-
barn. Er blickt mich erstaunt an: „Das weißt du nicht?
Na, Elena Burke. Sie ist schwer krank, aber sie singt hier
immer noch jeden Freitag und Samstag." Elena Burke,
die große Stimme der *Filin*-Bewegung, die Partnerin von
Omara Portuondo im Cuarteto d'Aida, Meisterin des intimen Liebesgestammels zu schlichter Klavier- oder Gitarrenbegleitung. „Was hat sie denn?" frage ich. Er senkt
die Stimme: „Sie hat Aids." Und als ich etwas ungläubig

gucke: „Sie hat immer eine Menge junger Liebhaber gehabt."

Die nervösen Männer manövrieren jetzt den Rollstuhl auf die Bühne. Elena Burke lächelt, schließt die Augen und gibt sich dem Beifall des Publikums hin. Ein Klavierakkord, mit dem Pedal verlängert, füllt den Raum. Und dann erklingt ihre Stimme. Der kräftige Kontra-Alt ist schütterer geworden, verletzlicher. Aber mit meisterhafter Sicherheit meißelt sie die Linie der Melodie. *No vale la pena sufrir en la vida*, singt Elena Burke. – Es lohnt sich nicht, im Leben zu leiden, wenn alles einmal aufhört, wenn alles sich verflüchtigt. *Tantos sufrimientos* – so viele Schmerzen, so viele Täuschungen. Es lohnt sich nicht. *No vale la pena.*

BIS DER TANZ DICH TANZT
Compay Segundo und der
Son aus Santiago de Cuba

Buena Vista Social Club – Live

Baila! raunt Babalu Ayé dem alten Mann ins Ohr. – Tanz und schwing die Hüften. Babalu Ayé, der Gott der Krankheiten, der auf Krücken geht. Babalu Ayé, der Weise, der in die Zukunft sehen kann. Der alte Mann braucht keine Krücken. Ein wenig mühsam stemmt er sich hoch. *Muévete*, flüstert Babalu Ayé – beweg dich. Der alte Mann stutzt einen Moment, scheint verwirrt. Bis ihn der Refrain überrollt wie eine Meereswoge. *De Alto Cedro voy para Marcané* – Von Alto Cedro gehe ich nach Marcané. Und dann lässt der greise Compay Segundo die Hüften kreisen. Wie ein Rumbatänzer, der sich mit seiner Partnerin in ein leidenschaftliches Duell der Körperdrehungen und erotischen Anzüglichkeiten verstrickt. Das Publikum im Teatro Karl Marx ist von den Sitzreihen aufgesprungen. *Vamos a gozar*, ruft Compay Segundo. – Amüsieren wir uns. Die Band stimmt im Chor an: „Compay, Compay." Und Babalu Ayé humpelt von der Bühne, löst sich in einem elektrischen Flackern auf wie ein Hologramm.

Wenn Compay Segundo auf der Bühne steht, dann sprechen durch ihn die Götter der afrokubanischen Religion. Elegguá, der Herrscher über die Wegkreuzungen und Pforten zu Licht und Finsternis. Changó, der Gott über Krieg und Feuer. Sie tanzen in seinem Kopf. Wer kein Kubaner ist, wird nie verstehen, wie *Santería*, Sozialismus und Papst friedlich im Gemüt der Inselbewohner koexistieren, ohne sich in die Quere zu kommen.

Letzter Tag des lateinamerikanischen Filmfestivals in Havanna im Dezember 1999. Abschließender Programmpunkt: Der Film „Buena Vista Social Club" von Wim Wenders. Und zuvor gibt die lose Musikergruppierung gleichen Namens eine kleine Demonstration ihrer größten Hits: „Chan Chan", „Silencio", „La Engañadora". Alle sind sie da, die global umschwärmten Stars: Eliades Ochoa aus Oriente, der musikalische Schutzpatron der ländlichen *Guajira,* mit seinem breitkrempigen Cowboyhut und dem mächtigen Leib, vor dem die Gitarre tanzt wie ein Papierschiffchen auf wildbewegter See. Rubén González, der Klavierspieler mit den arthritischen Fingern. Unsicher, mit flatternden Armen stakst er auf die Bühne. Ein Helfer eilt herbei, um ihn zu stützen. Doch kaum hat er die Klaviatur berührt, strafft sich sein Körper, wächst er mit dem Instrument zusammen zu einer fehlerlos arbeitenden Musikproduktionsmaschine. Ibrahim Ferrer, *la voz de miel,* die Honigstimme: kecke Schiebermütze, tailliertes Jackett, das die schlanke Figur betont – der Großvater als Bonvivant. Seine Bewegungen sind abrupt und spontan wie die eines Dreißigjährigen. Dazu die Sängerin Omara Portuondo, der Trompetenvirtuose Manuel ‚El Guajiro' Mirabál, Bassist Orlando ‚Cachaíto' López, der Tres-Spieler Juan de Marcos González. Der Club ist zur Millenniums-Hauptversammlung beinahe vollzählig vertreten. Ein kurzfristig anberaumtes Treffen: Ferrer war mit seiner Big Band gerade auf US-Tournee, Omara im Studio, um ihre eigene Platte aufzunehmen und Compay Segundo irgendwo in

Europa unterwegs. Man agiert mittlerweile weltweit auf eigene Rechnung. Und die sporadischen Auftritte von Buena Vista gemeinsam dienen hauptsächlich dazu, einander an den Händen zu fassen, in die Augen zu sehen. Und sich gegenseitig zu versichern, dass alles nicht nur ein Traum war, aus dem man irgendwann wieder erwachen könnte. „Silencio": Omara und Ibrahim gemeinsam am Mikrofon. Das Lied von den Lilien und den Rosen, die im Garten schlafen. „Ich möchte nicht, dass sie meine Schmerzen kennen", singt Ibrahim. „Denn wenn sie sehen, wie ich weine, dann werden sie sterben." Die beiden Stimmen umschmeicheln sich kontrapunktisch. Doch plötzlich gleitet eine Hand am Gitarrengriffbrett aus: ein klirrender Misston. Und die Perkussion rumpelt und stolpert. Der Buena Vista Social Club ist ein wenig aus der Übung. Muss sich erst wieder herantasten an die weltmeisterliche Form des Jahres 1997.

Doch dann übernimmt Rubén González. Mambo! Die linke Hand verstärkt den synkopierten Rhythmus, die rechte setzt zum Solo an. Diesmal sind es nicht die dekorativen Melodien und Triller, die Rubén so gekonnt über die ganze Klaviatur zu schieben weiß. Sondern völlig verrückte Einfälle. Chaotische Intervallsprünge, surreale Tonverkettungen. Kubanisch wird kubistisch. Und Rubén González wird zum meisterhaften Glasperlenspieler, der die bekannten Module der *música bailable*, der Tanzmusik, so raffiniert verknüpft, dass daraus etwas völlig Neues entsteht. Nur 20 Minuten spielt der Buena Vista Social Club bisher. Doch diese kurze Zeitspanne genügt, um den Saal zum Lodern zu bringen. *Candela me quemó!* ruft Eliades Ochoa. – Feuer, ich brenne. Und aus dem Auditorium schallt es zurück: *Candela, Candela…*

Die späte Eroberung der Hauptstadt Havanna durch eine Musik, die es hier schon seit 70 Jahren gibt, ist eine der großen Absurditäten der populären Musikgeschichte. Bis vor kurzem war der Welterfolg der Veteranen des Buena Vista Social Club auf Kuba nur ein Gerücht. Ein Märchen, das kaum jemand glauben wollte in einem Land, das sich vom kulturimperialistischen Gefühlsterror Celine Dions hat behexen lassen. In dem die Jugend das Tanzbein lieber zu europäischen und nordamerikanischen Disco-Klängen im 4/4-Takt schwingt als zu den intrikaten Rhythmen von Mambo, Rumba und *Chachachá*. Die Platten des Buena Vista Social Club, der Afro Cuban All Stars und das Soloalbum von Rubén González – also die drei Produkte, die am Beginn des globalen musikalischen Kuba-Booms standen – konnte man hier bis vor kurzem gar nicht kaufen. Die wenigen CD- und Kassettenläden in Havanna bieten nur ein beschränktes Angebot aus der staatseigenen Egrem-Produktion an. Und die 15 Dollar, die eine Compact Disc kostet, sind mehr, als der Kubaner durchschnittlich im Monat verdient.

Licht und Schatten

Aber jetzt, wo der Buena Vista Social Club im Karl-Marx-Theater vor lokaler Partei- und Kulturprominenz und einer ganzen Kamarilla lateinamerikanischer Filmjournalisten triumphiert, wird auch dem letzten Zweifler klar, dass da etwas passiert ist. Dass man viele Jahre lang auf einer Goldmine saß, die nur gezielt ausgebeutet zu werden brauchte. *Candela!* Heiß ist es in dem reizlosen multifunktionalen Zweckbau im Stadtteil Miramar. Ich drängle mich durch die Menschentrauben, um hinter der Bühne ein paar Worte mit Compay Segundo zu wechseln. Vorher noch für einen Moment auf die Toilette. Und hier, in der Schamzone der intimen Körperentleerungen, zeigt sich am unverhülltesten, wie es zur Zeit um Kuba bestellt ist. Die Toilettenspülungen sind defekt, Fäkalien- und Uringeruch macht sich breit. Ein Mann verlässt eine Kabine, will sich die Hände waschen. Acht Becken sind nebeneinander an der Wand aufgereiht. Der Mann dreht am Hahn des ersten: Kein Wasser. Er probiert es beim zweiten: Nichts. Auch der dritte Wasserspender verweigert seinen Dienst. Sieben Waschbecken probiert der *compañero* durch. Dann enteilt er entnervt mit schmutzigen Händen. Ich nähere mich dem achten, dem letzten Becken. Drehe vorsichtig am Hahn. Kaum zu glauben: Der feine, dünne Strahl einer Flüssigkeit von fragwürdiger Konsistenz sprudelt heraus. Vielleicht ist dies eine Universalmetapher für das Leben auf Kuba in der sogenannten Sonderperiode in Friedenszeiten, die Castro Ende der achtziger Jahre ausgerufen hat. Alle Mittel sind auf ein absolutes Minimum geschrumpft. Aber diese Notration reicht gerade noch aus, um dem übermächtigen Feind im Norden, dem Blockierer und Generalboykotteur USA, weiterhin mit aller Entschlossenheit die Stirn zu bieten.

Compay Segundo lacht, als ich ihm die Geschichte erzähle. „Ja, so ist das hier nun mal. Aber glaube nicht, dass es früher besser war, unter Batista, unter Machado. Da hatten wir Musiker eine schwere Zeit. Mussten uns von früh bis spät ranhalten, wenn wir ein paar Pesos verdienen wollten. Aber ich bin kein Politiker. Was ich weiß, habe ich in der Zeitung gelesen. Ich bin nie näher als 300

Meter an Fidel Castro herangekommen." Er zieht an dem Zigarrenstumpen, der ihm erloschen im Mundwinkel hängt. Zündet ein Streichholz an. Die Flamme wirft Licht und Schatten auf die Faltentäler in seiner ledernen Gesichtslandschaft. Hinter dem Greisenantlitz kann man noch den Draufgänger mit dem dünnen Schnurrbärtchen ahnen, der in den vierziger Jahren als Mitglied des Duos Los Compadres ganz Lateinamerika erobert hat. „Weißt du", sagt er. „Ich bin froh, dass wir mit unserer Musik ein bisschen etwas von der alten Zeit zurückbringen können. Als ich jung war, haben die Leute sehr eng getanzt. Heute ist die Frau auf der einen Seite, der Mann auf der anderen. Sie haben nichts mehr miteinander zu tun. Aber das wird sich sehr schnell wieder ändern. Denn die Leute wollen eng tanzen, sich berühren. Das ist einfach schöner, Haut an Haut. Die Frau möchte die Hitze des Mannes spüren und der Mann die Hitze der Frau. Und die Frauen sollten schön angezogen sein, das sieht einfach besser aus. Aber wenn man so rumhampelt und rumspringt wie heute, dann kommt die Kleidung gar nicht zur Geltung. Die schwitzen auch alle so. Früher hat man nicht geschwitzt."

Welcher Musikstil war eigentlich modern, frage ich, damals, als du begonnen hast in den zwanziger Jahren? „Also, wir in Oriente, im Osten, spielten den Son. Am Anfang war das ein ganz einfacher Stil, *cortito y sabrosón*, wie ihn der Komponist und Sänger Miguel Matamoros einmal genannt hat – kurz und deftig. Aber dann ist er länger geworden und komplizierter. Mehr Worte, mehr Instrumente, mehr Improvisation. Wir spielten auch andere Sachen: Boleros, romantische Liebeslieder und *Guarachas*, derbe Gesänge vom Land, in denen viel gescherzt und mit dem Doppelsinn von Wörtern gespielt wird. Als dann Carlos Gardel berühmt wurde, hat alle Welt versucht, wie Gardel zu klingen: ‚El día, que me quieras' … Dann kamen die Kastagnetten aus Spanien, und auch sie wurden ein Teil der kubanischen Musik. Wir haben hier immer fremde Einflüsse aufgesogen und in unsere Musik eingebaut. Darum ist sie so reichhaltig."

Wege zum Ruhm

Compay Segundo heißt eigentlich Francisco Repilado Muñoz. Geboren 1907 in Siboney, einem kleinen Dorf am Meer in der Nähe von Santiago. „Meine Großmutter war Ma Regina, eine befreite Sklavin, die 115 Jahre alt wurde", erzählt er. „Ich hatte acht Geschwister, vier Mädchen und vier Jungen. Alle meine Brüder sind Musiker geworden, Gitarristen. Auch ich begann schon Gitarre zu spielen, als ich noch ganz klein war – und den Tres." Jenes kleine gitarrenähnliche Instrument mit den drei doppelt bespannten Saiten, das der populären Musik Kubas ihren ganz speziellen Geschmack verleiht. „Dann habe ich ein Instrument erfunden, das ich bis heute verwende: das *Armónico*. Eine Saite ist doppelt bespannt. Das macht den Klang runder und voller."

Als Francisco 16 Jahre alt war, zog die Familie nach Santiago de Cuba um. Eine geographische Distanz von 20 Kilometern und doch eine völlig andere Welt. Emigrierte französische Pflanzer aus Haiti hatten ihre Kultur und Lebensart mitgebracht. Ein Theater wurde gebaut, elegante Soireen veranstaltet. In Santiago verbanden sich das Spanische, das Französische und das Afrikanische zu einem explosiven Gemisch. Während des Karnevals brodelte es in der Stadt wie in einem Kochtopf: Die Cabildos, die Vereinigungen der Schwarzen aus der Sklavenzeit, schickten ihre Mitglieder auf die Straße: *Conga*, *Cocoyé*, *Tumba francesa* – tausend Tänze, tausend Farben, tausend Gesänge. In den engen Gassen von Santiago quengelte die *Corneta china*, die chinesische Trompete wie ein militärisches Signal zum Angriff. Und die afrikanischen Trommeln, die an jeder Ecke dröhnten – *Batá* und *Yuka*, *Ngoma* und *Bembé* –, verwandelten die Stadt in einen magischen Ort des Wahnsinns und des festlichen Überschwangs.

Francisco Repilado, der jugendliche *trovador*, ließ sich mitreißen von diesem Wirbelsturm der überhitzten Gefühle, der verführerischen Unübersichtlichkeit. Später setzte er dem Karneval mit dem Lied „A los barrios de Santiago" ein Denkmal. „Ich zog wie so viele andere Sänger durch die Straßen", erzählt er. „Spielte bei Serenaden, bei privaten Festen. Versuchte, ein paar Münzen zu ergattern oder wenigstens eine warme Mahlzeit. Sindo Garay besuchte oft das Haus meiner Familie. Ich hörte ihm zu, stundenlang. Wollte verstehen, wie er die Töne zusammenfügte, die Akkorde konstruierte." Als Teenager lernte Francisco auch, die Klarinette zu spielen und wurde Mitglied der *Banda Municipal*, des Stadtorchesters von Santiago. An der Seite von Miguel Matamoros, dem späteren Schöpfer Hunderter von Sones und Boleros, die bis heute das Repertoire traditionell orientierter Gruppen dominieren. Die *Banda* probierte eine wilde Mischung aus klassischer Musik und populären Tanzrhythmen aus und war damit so erfolgreich, dass sie sogar bei der Einweihung des Capitolio spielen durfte.

Jener Replik des Washingtoner Kapitolgebäudes, das die Altstadt von Havanna architektonisch beherrscht.

Francisco Repilado spielte schließlich mit dem Cuarteto Cubanacán in Theatern in Oriente und in Radioshows. „Aber ich wußte, dass ich nach Havanna gehen musste. Nur wer es in der Hauptstadt schafft, kann wirklich berühmt werden." Der große Durchbruch kam für ihn, als er sich mit seinem Cousin Lorenzo Hierrezuelo zu einem Duo zusammenschloss.

Los Compadres

Lorenzo Hierrezuelo hatte einen ähnlichen biografischen Hintergrund wie Francisco. Sein Vater war einer der ersten großen Virtuosen des Tres gewesen. Als Jugendlicher bastelte Lorenzo seine erste eigene Gitarre aus *yagua*, Holz der Königspalme, und ein paar alten Drähten. Und dann ging er, so wie Francisco Repilado, auf große Tournee durch Herrenhäuser, Hinterhöfe, kleine Theater und zog über die Bauernfeste in der Provinz. Irgendwann hatte er sich nach Havanna durchgeschlagen – sogar einige Jahre früher als Cousin Francisco. Dort traf er auf María Teresa Vera, die große Sängerin, die nach ihrem religiösen Rückzug wieder dabei war, musikalisch Tritt zu fassen. Lorenzo Hierrezuelo war genau der musikalische Partner, den sie seit Jahren vermisst und gesucht hatte. Das gemischte Doppel aus Männer- und Frauenstimme hielt von 1935 bis 1962, zwei Jahre vor María Teresa Veras Tod. Doch parallel dazu gab es die einige Jahre später ins Leben gerufene Gruppe Los Compadres mit Francisco Repilado. Mit María Teresa Vera in-

Los Compadres in den späten vierziger Jahren:
Francisco Repilado – Compay Segundo (links),
Lorenzo Hierrezuelo – Compay Primo (rechts).

terpretierte er als zweite Stimme und zweite Gitarre das romantische Repertoire der kubanischen *Trova*, mit Francisco Repilado als erste Stimme und zweite Gitarre den genuinen Son.

Die Compadres kamen zu einer Zeit, als die großen Stilschlachten um die Vorherrschaft in der kubanischen Musik sich ein wenig beruhigt hatten und ein unaufgeregter Pluralismus Experimente gestattete. Das Duo-Format hätte eigentlich ein *Trova*-Repertoire mit zwei schön geführten Gesangsstimmen und kontemplativer Gitarrenbegleitung nahegelegt. Doch die beiden *guajiros* aus dem wilden Osten entschieden sich für eine Art von minimalistischem Son: Was an Instrumenten fehlte, wurde durch Energie wettgemacht. Sie zogen das Tempo an, fast wie eine frühe kubanische Punk-Inkarnation. Lorenzo imitierte mit dem Mund den Sound der Claves und kriegte auch eine Flöte ganz gut hin. Statt der regulären Rhythmusinstrumente wie Kuhglocken oder *cencerro* verwendeten sie oft einfach Blechdosen. Die Musik der Compadres hatte Swing, sie war billig, spontan, frech: „Tu novia te botó", hieß eines ihrer Erfolgslieder. – Deine Geliebte hat dich rausgeworfen. Sie war eifersüchtig. Und alles nur, weil die Klatschmäuler der Stadt nicht ruhig sein konnten! Musik, vom Wind des Leichtsinns durch die Straßen geweht. Leben heisst Pfeifen, Scherzen, Flirten. Die Compadres bekamen in Havanna eine eigene Radioshow. Bezahlt wurden die Gagen und Unkosten von einer Parfümfirma, die mit den zwei flotten Jungs kräftig Werbung machte. Ein *locutor* des Senders, ein Radioansager, benannte die beiden nach ihrer Aufgabenteilung im Duo: Lorenzo Hierrezuelo, die erste Stimme, wurde zu Compay Primo, Francisco Repilado zu Compay Segundo. Ein scherzhafter Ehrentitel, der an Francisco haften blieb und schließlich den Geburtsnamen vollends verdrängte. Die Compadres begannen Schellacks für die Firma Panart aufzunehmen, im Schnitt eine Platte pro Monat. Und ihre Lieder gingen auf Reisen, nisteten sich ein in den Hafenkneipen, Bordellen und Schlafzimmern junger Mädchen in ganz Lateinamerika. Alle ließen sich bezaubern von den Sentimentalitäten aus Santiago, den frivolen Liebesliedern und den Protestsongs, welche die Willkür der amerikanischen Zuckerbarone auf Kuba geißelten. „Wir hatten Erfolg, wir waren berühmt", sagt Compay Segundo und lächelt. „Wir trugen teure Anzüge und fuhren schnelle Autos. Damals war in Havanna viel los: Cabarets, Bars, Nachtklubs, schöne Tänzerinnen. Hier auf der Quinta Avenida in Miramar waren die Leute die ganze Nacht auf der Straße. Tanzten, sangen, tranken Rum – wir hatten sehr viel Spaß." Trotz des schnellen Ruhms fand Compay noch Zeit für Nebentätigkeiten. Sein Idol, Miguel Matamoros hatte, dem Trend der Zeit entsprechend, sein Trio zu einem siebenköpfigen Conjunto hochgerüstet. Der Compadres-Star trat dem Ensemble als Klarinettist bei und blieb zwölf Jahre. Bei Matamoros lernte er auch Beny Moré kennen, der dort, kurz vor dem großen Durchbruch, sein Glück versuchte.

Kubanische Musikgeschichte ist ein Netzwerk mit vielen Knotenpunkten, an denen sich Musiker begegnen, die Spannung dieses Zusammentreffens genießen und dann wieder auseinander driften. Um an der nächsten Straßenkreuzung auf ein neues Gesicht, eine vielversprechende Stimme, eine attraktive Melodie, eine pointierte Textzeile zu treffen, die das Leben verändern könnten. Im Lauf der Jahre hat in Havanna fast jeder mit jedem gespielt. Ist zumindest einmal im selben Programm gewesen, in einer gemeinsamen Radioshow aufgetreten, in der gleichen Bar versackt. Und die vielen unterschiedlichen Stile, die von den kubanischen Musikexperten sorgfältig auseinander dividiert und in unterschiedliche Karteikästen gepackt werden – was vor allem die nicht initiierten europäischen Musikhörer verwirrt –, fallen oft genug in der Person eines überragenden Musikers zusammen und verlieren an Trennschärfe und Distinktionswert. Compay Segundo etwa beherrscht den rhythmisch treibenden Son genauso wie den romantischen Bolero, die Rumba gleichermaßen wie den *Chachachá*.

Der Tabakblätterroller und sein Comeback

In den fünfziger Jahren ging dem Erfolgsvehikel Los Compadres langsam der Treibstoff aus. Erfolg macht süchtig und streitlustig. Compay Primo und Compay Segundo waren der Sonne zu nahe gekommen. Jetzt schmolzen die Flügel. Der Absturz drohte. „Ich war mittlerweile sehr selbstsicher geworden", sagt Francisco Repilado. „Wir hatten so viele Erfolgslieder. Und etliche davon stammten aus meiner Feder. Da entschloss ich mich, meine eigene Gruppe zu gründen." Compay Segundo y su grupo blieben dem Son treu und schufen weitere Erfolgssongs. Etwa „La Juma de ayer" und „La mujer de peso" mit dem vom Buena Vista Social Club her gut bekannten Pío Leyva als Sänger. Die Legende besagt, dass die Aufnahmen im Jahr 1957 unterbrochen werden mussten, weil revolutionäre Truppen den Präsidentenpalast Batistas angriffen und die Gewehrschüsse im Studio zu hören waren.

1959 war das Regime Batista dann bereits Geschichte. Die *Barbudos*, die bärtigen Rebellen hatten die Hauptstadt erobert und sich im 30-stöckigen Hotel Habana Hilton einquartiert, das in Habana Libre umgetauft worden war. Compay Segundo profitierte nicht von der Revolution. Im Gegenteil: Seine Karriere versickerte nach und nach wie ein Wasserlauf im Wüstensand. „Vielleicht war ich vorher zu erfolgreich?" spekuliert er heute nachdenklich. „Vielleicht sollten andere Leute gefördert werden, die in der Batista-Zeit das Land verlassen hatten und nach der Revolution im Triumph zurückkehrten. Oder ich war einfach aus der Mode geraten." Er zieht an der Zigarre, schnippt den langen Aschenkegel auf den

Fußboden. Blickt dem Rauch nach, der sich in abstrakte Kringel auflöst.

Die Lexika und Standardwerke der kubanischen Musik sind, was Compay Segundos Götterdämmerung betrifft, auffallend wortkarg und bieten keine schlüssigen Erklärungen dazu an. Zwar hatte die Revolution im künstlerischen Bereich neue Prioritäten gesetzt. Lieder wie „Hasta siempre", die Eloge von Carlos Puebla an Che Guevara, erfreuten sich großer Beliebtheit. Und die jungen Sanften von der *Nueva Trova*, Sänger und Komponisten wie Pablo Milanés und Silvio Rodríguez, setzten, neben Poetizismen aller Art, auch politische Themen und revolutionäre Loyalität auf die musikalische Tagesordnung. Andere, wie Celia Cruz, die große Stimme des Orchesters Sonora Matancera, hatten sich abgesetzt und machten, via USA, Weltkarriere. Aber es gab auch genügend Beispiele von alten Meistern, die nach dem gesellschaftlichen und politischen Radikalbruch unbeeinträchtigt und unbeirrt an ihren Erfolg anknüpfen konnten. María Teresa Vera wurde zur pädagogischen Jukebox umgeschult und schuf in Agrarkooperativen, ländlichen Schulen und Parteilokalen Geschichtsbewusstsein, indem sie das gesamte Repertoire der traditionellen *Trova* mit didaktischem Impetus zu Gehör brachte. Und Beny Moré, der Meister aller Klassen, machte mit seinem Riesenorchester, der Banda Gigante, bis zu seinem Tod im Jahr 1963 einfach weiter.

Compay Segundo alias Francisco Repilado glitt allerdings nach und nach an den Rand des professionellen Musikbetriebes. Bis er ganz draußen war und seinen Lebensunterhalt mit dem Rollen von Tabakblättern in der Zigarrenfabrik H. Upmann bestreiten musste. 17 Jahre lang saß er an den wie Schulbänke angeordneten Tischen und hörte dem Vorleser zu, der die eintönige Tätigkeit durch den Vortrag aus Werken von José Martí oder Nicolas Guillén auflockerte. „Ich habe keinen einzigen Tag gefehlt", sagt Compay. „Aber ich habe auch mit der Musik nie aufgehört. Wir spielten nach der Arbeit, im privaten Rahmen. Ein Gläschen Rum, eine Zigarre und die Gitarre – das war auch kein schlechtes Leben."

Compay Segundo hat sein spätes Comeback nicht ausschließlich dem Buena Vista Social Club zu verdanken. Bereits in den siebziger und achtziger Jahren war die kubanische Musik in eine Phase der Selbstreflexion und Kanonisierung eingetreten. Während die Jugend, so wie überall auf der Welt, die Beatles, King Crimson oder Jethro Tull hörte, begannen Musikwissenschaftler, in Archiven nach Transkriptionen verschollener Lieder zu fahnden und gingen auf die Suche nach Interpreten, die mit den Jahren vergessen worden waren. Der Klangforscher Daniel Orozco stieß bei seinen Recherchen auf Compay Segundo und arrangierte für ihn ein großes Comeback. Der wiedererweckte Sänger spielte im Smithsonian Institute in Washington und 1994 mit großem Erfolg beim Son- und Flamenco-Festival im spanischen Sevilla. Von diesem Zeitpunkt an war Compay Segundo praktisch auf Nonstop-Tournee über die Iberische Halbinsel und die Kanarischen Inseln. Buena Vista zimmerte der späten Karriere ein solides Fundament und sorgte dafür, dass Compay Segundo heute weltweit mit einem Millionen-Werbebudget vermarktet wird – ein Mann, dessen Lebensalter eine ganze Boygroup ergibt, wenn man deren Alter zusammenrechnet. „Mir geht es gut", sagt er und probiert das Lächeln des unverwüstlichen

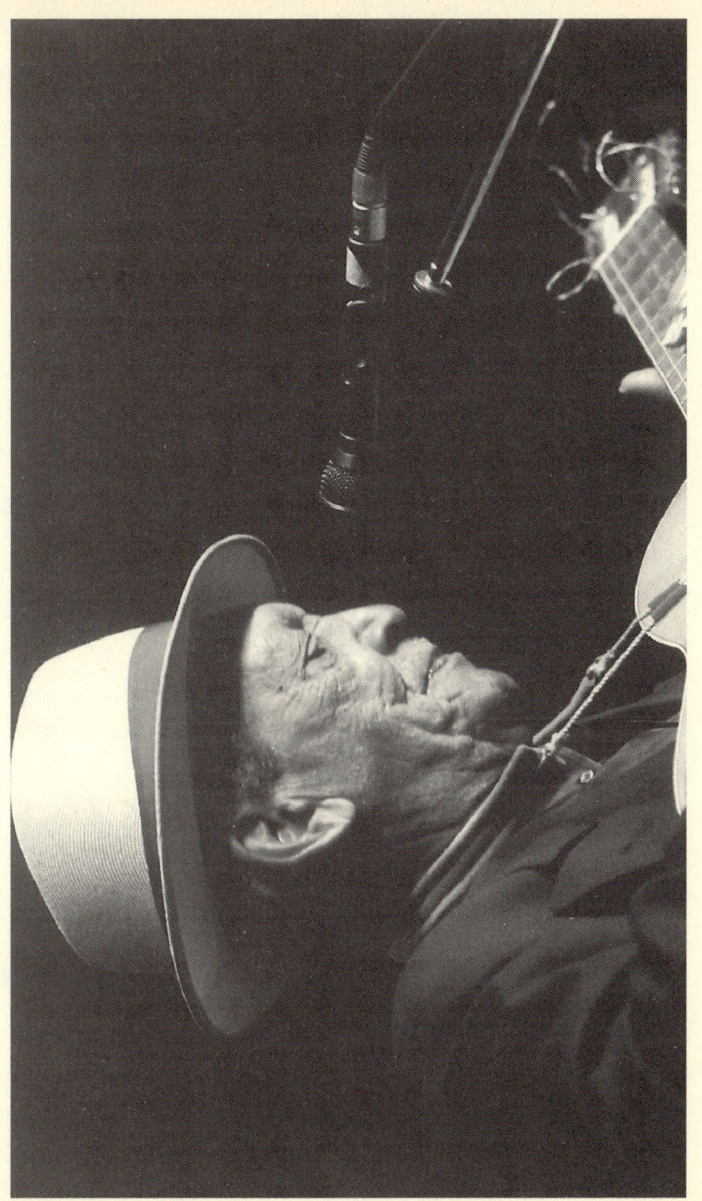

Compay Segundo während eines Konzerts 1999 in Wien.

Lebemannes. „In meinem Haus, hier in Havanna, habe ich gerade 35 Franzosen empfangen. Auch ein spanischer Graf war vor kurzem da. Alle wollen wissen, wie ich lebe, wie ich Musik mache. Das sind Beziehungen, die mithelfen, die kubanischen Klänge populär zu machen. Die traditionelle Musik, wie man sie früher gespielt hat. Ich denke nicht daran, irgendetwas zu ändern. Ich spiele keine Salsa, denn die Salsa ist doch eigentlich nichts anderes als ein Ableger des Son." Er lebe nun schon seit vielen Jahrzehnten in Havanna, meint Compay. Aber im Herzen sei er immer ein *santiaguero* geblieben: „Das sind meine Wurzeln, die Quelle, aus der ich mich nähre. Aber fahre selbst nach Santiago de Cuba und sieh es dir an. Sonst wirst du das nie verstehen."

Reise nach Santiago

Also auf nach Santiago de Cuba. Mit dem Mietwagen – 90 Dollar pro Tag – über die *carretera central*, die am Anfang stolz als Autobahn gepriesen wird und sich dann, ab der Landesmitte, in eine einfache Landstraße verwandelt. Immer wieder muss das Auto stoppen, weil Bauern ihre Viehherden über die Fahrbahn treiben. An strategisch wichtigen Punkten – Brücken oder Nebenstraßen, die direkt von der *carretera* abgehen – sammeln sich größere Menschenmengen mit Vogelkäfigen, Schweinen, Kartoffelsäcken, Früchtekörben. Sie warten, dass einer der vorbei schnaubenden Lastwagen anhält und sie gegen ein geringes Peso-Entgelt auf der Ladefläche mitnimmt. *Hacer una botella* heißt diese Art des Reisens auf Kuba – eine Flasche machen. Und meist ist man damit noch schneller als mit den regulären Bussen, die nach einem vom Genossen Zufall erstellten Fahrplan verkehren. Oder als mit dem Zug, der für die 850 Kilometer von Havanna nach Santiago eine ganze Nacht und noch den darauf folgenden Vormittag benötigt und in größeren Städten wie Santa Clara oder Camagüey zwei bis drei Stunden hängen bleibt.

Gegen 18 Uhr, als es dunkel wird, beschließe ich, in Holguín zu übernachten. Auf der Straße trifft man immer wieder auf unbeleuchtete Fahrräder und Handkarren, die einen Unfall geradezu provozieren. Ich frage mich durch zu einer Privatpension, wo man für 15 oder 20 Dollar übernachten kann. Wasserhahnkontrolle im Bad: negativ. Aber immerhin funktioniert die Toilettenspülung. „Wo willst du morgen hin?" fragt Jorge, der weißhäutige Besitzer des Hauses. „Nach Santiago", antworte ich. Er lächelt süffisant: *Muchos negros.* – Viele Schwarze dort unten. Den Rassismus gibt es zwar seit der Revolution offiziell nicht mehr, aber insgeheim lebt er weiter. Er schafft eine unausgesprochene gesellschaftliche Hierarchie, die sich nach der Pigmentierung der Hautfarbe bemisst: je schwärzer, desto schlechter.

Noch 150 Kilometer bis Santiago de Cuba. Rechts sehe ich am Horizont bereits die weit geschwungenen Bergketten der Sierra Maestra, wo sich Fidel Castro einst mit seinen wenigen Getreuen verschanzt hatte, um von dort aus die Revolution zu starten. Die *carretera* wird jetzt abschüssig, senkt sich in einen Talkessel. Ein unbeschreibliches Farbenspiel: Schon ist das Meer im Sichtfeld, aquamarinblau und türkis changierend. Und auf den Hügeln, die die Straße säumen, wachsen Königspalmen, Ceibabäume, Jagüeys, Yagrumas, die in so vielen Grünschattierungen schillern, dass man neue Adjektive erfinden müsste, wollte man sie beschreiben. Saftige, fleischliche, lüsterne Pflanzenpracht. So, als wolle die Natur sich auf Kuba darüber lustig machen, dass in einem Land mit derart üppiger Vegetation überhaupt Mangel herrschen könne.

Im Villenviertel Vista Alegre von Santiago suche ich mir ein Quartier. Wasser: vorhanden und diesmal sogar *caliente*, was mit „lauwarm" übersetzt werden muss. Die Fenster sind mit Brettern vernagelt, lassen kaum einen Streifen Tageslicht herein. Ganz offensichtlich ist dieses Haus eine der zahlreichen Absteigen, in die sich die Touristen mit ihren *chicas* zurückziehen, wenn sie nicht von der allgegenwärtigen Polizei belästigt werden wollen.

Für einen Peso fahre ich mit dem Bus ins Stadtzentrum. Flaniere durch die Calle Enramada, Lebensader, Nervenzentrum. Über die Straße sind Transparente gespannt. Mal revolutionär: *Aquí no se rinde nadie* – hier unterwirft sich niemand; dann wieder zukunftsfreudig: *Feliz año 2000* – Gutes Jahr 2000. Die Läden und Kaufhäuser stellen ihr bescheidenes Angebot in Glaskästen zur Schau: Unterwäsche, die in Schnitt und Material recht russisch wirkt. T-Shirts mit dem Konterfei Che Guevaras, ein paar Pharmaartikel aus Kanada, Glittertand, Halsketten, Armreifen aus billigem Material. Manche der Vitrinen sind auch einfach leer. Schlecht gelaunte Verkäuferinnen, stumpfes Neonlicht, Warteschlangen vor den Lebensmittelläden – *Socialismo tropical*.

In einem Lokal in einer Seitenstraße, das durch große, vergitterte Fenster Einblick gewährt, probt eine Salsa-Truppe. Messerscharf akzentuierte Bläsersätze, die sich schräg in die Polyrhythmen der Trommeln einfädeln,

E-Bass und Keyboards, die sich mit langen Soli in Szene setzen. *Sabrosura* bei 35 Grad im Schatten! Ein paar Leute haben sich vor dem Haus versammelt, wippen mit den Fußspitzen und nicken anerkennend. „Das sind Son 14", sagt einer zu mir. „Die Besten in Santiago." „Aber Son ist das nicht", gebe ich zu bedenken, „dieser knatternde, pulsierende Elektro-Sound." „Nein", lacht er, „aber den traditionellen Son kannst du hier auch hören. Geh mal in die Casa de la Trova." Und er deutet vage in die Richtung, wo der Turm der Kathedrale aufragt. Ich spaziere durch eine Querstraße hinüber zur Calle Heredia, wo pseudo-ethnische Holzschnitzereien und Tongefäße für Touristen angeboten werden. Dazwischen kleine Buchläden mit zerfledderten Gesamtausgaben des Freiheitshelden José Martí und vielen Bänden Marx und Lenin in spanischen Übersetzungen. Hier findet man auch immer wieder Vinyl-Platten, die nur wenige Pesos kosten. Fürchterlich zerkratzte Editionen des kubanischen Musikheiligen Beny Moré. Längst vergriffene Alben von Orchestern wie Casino de la Playa oder Orquesta Almendra, an denen der Sternenstaub der Nostalgie klebt. Wenn man sich beim Buchhändler über den Zustand der Tonträger beschwert, kann es schon vorkommen, dass er nach hinten geht und sie mit Schwamm und Seife bearbeitet.

Die Casa de la Trova

Die Casa de la Trova liegt am Ende der Calle Heredia, dort, wo die schmale Gasse in den großen Platz mit der Kathedrale übergeht. Ein kleines Häuschen mit hölzernem Gitterwerk und einem Balkon, der sich über die ganze Front erstreckt. Der Konzertraum ist klein, bietet kaum Platz für 100 Leute. An den Wänden Porträts großer Meister der *Trova* und des Son: Sindo Garay, Miguel Matamoros, Manuel Corona, Nico Saquito – wie eine Galerie von Heiligenbildern in einer katholischen Kirche. In der kleinen Bar nebenan hängt auch ein Poster von Compay Segundo und seiner Truppe.

Es ist noch nicht einmal Mittag. Doch in der Casa de la Trova herrscht schon Vollbetrieb. Ein Septeto rückt auf der schmalen Bühne eng zusammen. Der Kontrabass und die *Pailas*, die zwei paukenähnlichen Trommeln, brauchen viel Platz. *Uno, dos, tres, cuatro*. Die zirpende, kleine Tres-Gitarre gibt den Rhythmus vor. Die Bongo-Trommeln fallen ein, umspielen das Grundmetrum, setzen Gegenakzente. Der Son beginnt zu schaukeln, schwingt sich ein, kitzelt die Hüften, ohne sie wirklich zum Kreisen zu bringen. *De dónde son los cantantes?* ruft die erste Stimme. – Woher kommen die Sänger? Und der Chor fällt ein: *Son de la Loma* – sie kommen aus den Bergen. Um vor den Balkonen schöner Frauen Lieder zu singen. Um die Köpfe in einen Strom aus Rum zu stecken. Um das Bier in Seife zu verwandeln. Surrealismus aus Santiago. „Son de la Loma", das berühmte Lied von Miguel Matamoros, in Kuba etwa auf einer Bekanntheitsstufe mit „Guantanamera". Das Septett geht in den freieren Teil des Liedes über, den *montuno*: Die Instrumente lassen die Muskeln spielen, flirten mit der Melodie, verzögern lasziv ihre Einsätze. Die Trompete übernimmt das Kommando, parodiert näselnd die Sentimentalität des Refrains. Schwingt sich mit strahlendem Schmetterklang zu einer letzten Kadenz auf. Eine gute Darbietung.

Aber sie lohnt sich kaum. Denn im Publikum sitzen nur ein paar halbbetrunkene Italiener, die mit Sonnenbrillen die Tränensäcke nächtlicher Exzesse bedecken. „Wer ist denn der Chef der Gruppe", frage ich den Kellner, der mit einem schmutzigen Tuch die Rumgläser auswischt. Er deutet auf den Mann mit der Trompete: *el Maestro*. Inaudi Paisán Maillet heiße der Musiker. Und seine Gruppe sei die Estudiantina Invasora. Ein Ensemble, das es schon seit vielen Jahrzehnten gebe und das den echten und unverfälschten, den wahren und wirklichen Son spiele. Ich nähere mich dem Maestro mit angemessener Ehrerbietung und frage ihn, ob er vielleicht bereit sei, mir ein paar Auskünfte zur kubanischen Musik zu erteilen. Der reife Herr kratzt sich am Kinn, schiebt sein Strohhütchen zurück und denkt nach. „Im Prinzip schon, aber …" Dann beugt er sich zu seinem Kontrabassisten hinüber, flüstert ihm ein paar Worte ins Ohr. Dieser dienstbare Geist übernimmt jetzt die Rolle des Mittlers zwischen Bittsteller und Meister: Die Zeiten seien hart, die Löhne karg, die Touristen mit ihren Trinkgeldern rar. Mit einem Wort, nun ja, eine milde Gabe von zehn Dollar scheine dem Maestro angemessen, wenn er das Füllhorn seines Wissens über mich ergießen solle. Ein zerknitterter grüner Geldschein geht auf Wanderschaft. Ein schmales Lächeln flackert über ein steinernes Gesicht. Eine Hand macht eine einladende Bewegung. Und dann beginnt Inaudi Paisán Maillet zu erzählen. Von seiner Mission, in Zeiten des musikalischen Werteverfalls die alten Klänge zu bewahren und frisch zu halten: „Tradition", sagt er, „ist nichts anderes als Gewohnheiten, Redensarten, die von Generation zu Generation weitergegeben werden. Miguel Matamoros hatte um

1930 mit seiner Musik Erfolg. Wir leben mittlerweile im nächsten Jahrhundert und sie hat nichts von ihrer Frische verloren. Pepe Sánchez, der 1917 starb, war der erste Bolero-Komponist Kubas. Viel Zeit ist vergangen, und wir spielen immer noch gerne die Musik von Pepe Sánchez."

Der Son

Inaudi Paisán macht eine Pause. Nippt an seinem Rumglas. Klopft mit dem Zeigefinger auf eine frische Zigarre, um ihre Konsistenz zu prüfen. Zündet sie an. Dann legt er mir bedeutungsvoll die Hand auf die Schulter: „Eines musst du wissen: Son ist das Herz der kubanischen Musik. Der Samen, der alle Klänge befruchtet. Die Flamme, die jedes langweilige Fest in Brand setzen kann. Der Son wurde hier im Osten der Insel im 19. Jahrhundert erfunden. In Baracoa, in Guantánamo, in Manzanillo, in Santiago. Er ist die Musik der einfachen Leute. Wurde gespielt, wenn die Leute spontan zusammentrafen, bei Hochzeiten, bei Taufen, wenn die Ernte gut verlaufen war. Der Son ist wie ein Chamäleon", so Paisán weiter. „Er ändert immer wieder seine Form, seine Gestalt, seine Instrumentierung. Er trägt viele Namen: In Guantánamo heißt er *changüi*, in Camagüey *guateque*, auf der Isla de la Juventud *sucu-sucu*. Im Prinzip geht es nur um eines: die Vermählung der afrikanischen Trommeln mit den spanischen Gitarren und Liedertraditionen." Die zwei Bongo-Trommeln, sagt Paisán, hätten die Polyrhythmen der Schwarzen, die perkussiven Geheimsprachen Afrikas, aufgenommen und in eine für alle verständliche Sprache übersetzt. Auch das Frage-und-Antwort-Schema zwischen Solosänger und Chor sei ein populäres Echo der religiösen Riten in den Yoruba-, Congo- und Arará-Gemeinden. „Der Son war sehr stark. Zu stark für einen kleinen Landstrich wie den kubanischen Osten. Und so eroberte er nach und nach die ganze Insel. Um 1910 gelangte er nach Havanna. Und dort hatten die Leute Angst vor dem Son. Die Bürger betrachteten ihn als eine primitive Musik der niederen Klassen und lehnten ihn ab. Und die Regierung wollte ihn verbieten, weil sie ihn für unmoralisch hielt. Aber der Son war nicht zu stoppen. In den zwanziger Jahren entstanden Gruppen wie das Matamoros Trio, das Sexteto Habañero und das Septeto Nacional. Und sie drängten alle anderen Stile weg."

Hier im Osten hätten der Son und die *Trova* immer unangefochten regiert, meint Paisán. Die Salsa, die kommerzielle Pest aus New York, sei in Santiago nie so wirklich durchgedrungen. „Und ich sage dir: Seit wir die Casa de la Trova haben, ist unsere Musik noch stärker, noch unverwundbarer geworden." Das kleine Häuschen in der Calle Heredia ist nämlich erst seit relativ kurzer Zeit Versammlungsort, Trinkhalle und Heiliger Gral der Musiker. Zuvor hatten sich die *cantadores* und *soneros* in ihren Vierteln verschanzt: in Los Hoyos oder in Tivoli. Ungebunden, spontan, immer bereit, vor einem Balkon zur Gitarre zu greifen. Aber auch ohne gemeinsame Heimstatt, ohne Anbindung, ohne Möglichkeit, sich im direkten Wettbewerb aneinander zu messen. „Oft", sagt Inaudi Paisán Maillet, „waren die Taxifahrer vor der Kathedrale am Parque Céspedes ihre einzigen Zuhörer."

In den fünfziger Jahren eröffnete der Sänger und Zigarrenmacher Virgilio Palais dann in der Heredia seinen kleinen Tabakladen *Aqui está Virgilio* – Hier ist Virgilio. „Eines Tages wollte ein Chauffeur seinen Geburtstag dort feiern. Er hatte eine Flasche Rum dabei, und schon ging die Musik los. Sänger aus allen Ecken der Stadt strömten zusammen, sie hatten ihre Gitarren mitgebracht und gaben laut und kraftvoll ihre Lieder zu Besten. Die Straße füllte sich mit Leuten. Alle hörten gebannt zu, applaudierten. Von diesem Tag an standen immer Menschen dort, denn die Leute erzählten, dass man bei Virgilio die beste *Trova* hören konnte. Alle wichtigen *cantadores* traten dort auf: Cucho el Pollero, Miguel Ángel Jústiz, Augusto und Manólo Castillo. Zum ersten Mal in der Geschichte Santiagos waren alle an einem Ort versammelt."

Nach dem Sieg der Revolution stellte die lokale Kulturbehörde ein anderes, etwas größeres Gebäude gleich neben dem Geschäft von Virgilio zur Verfügung: die heutige Casa de la Trova. „Und hier werden wir bleiben, singen und spielen, bis wir nicht mehr können. Denn ein *trovador*, der mit dem Singen aufhört, wird traurig und stirbt bald."

Während unseres Gespräches sind auf der Bühne drei Gruppen aufgetreten. Und im Laufe des Nachmittags folgen weitere: Duos, Trios, Septetos. Es gibt keine Mikrofone, keine Verstärker. Der Son ist akustisch, pur, der Tradition verpflichtet. Gerade hat das Septeto Soneros San Luís die Instrumente aufgebaut. Sie spielen sich durch das Alte Testament der kubanischen Musik: Lieder von Matamoros, von Ignacio Piñeiro, Nico Saquito. Auch „Chan Chan" von Compay Segundo ist im Repertoire. Aber die Interpretationen sind nicht brav werkgetreu. Die Bongos holpern wild und ungeschlacht, die Gitarre schrammelt aggressiv. Die Solostimme, ganz hinten aus der Kehle gequetscht, zügellos, besoffen, wirkt wie eine Travestie auf den romantischen Gefühlskult des Bolero. *Viva Oriente, viva Cuba,* quengelt der Sänger. Und der Chor fällt ein wie eine Horde fideler Trinkbrüder: *Viva la revolución.* Das ist Son im Zeichen der Dekonstruktion. Musik, die sich selbst reflektiert, auseinander nimmt und neu zusammensetzt. Klänge, die der Schlichtheit und Schönheit einfacher Melodien nicht mehr vertrauen und auch die Wunden und Verletzungen zeigen, die die Zeit und die Politik geschlagen haben. Der Son ist nicht nur schelmisch, gut gelaunt und stets mit einer Flasche Rum unter dem Arm auf der Suche nach den schönen Dingen des Lebens. Er kann auch böse sein, gehässig, rachsüchtig. *Quiero morder tus labio difamantes,* singt jetzt eine Stimme. – Ich möchte in deine verleumderischen Lippen beißen, und sie bestrafen für das, was sie gesagt haben.

Der Son: Proletenklang mit Witz und Anmut, mit Bitterkeit und einer Energie, die aus dem Herzen der Musik heraus die Verhältnisse transzendieren kann.

Tivoli

Inaudi Paisán Maillet zupft mich am Ärmel und deutet auf einen Mann in einer Ecke des kleinen Innenhofs der Casa de la Trova. Ein großer Dunkelhäutiger, der seinen massigen Oberkörper auf ein dünnes Stöckchen stützt. „Er heißt Ismael Reyte und ist ein *Babalao.* Ein Priester der *Santería,* der afrokubanischen Religion. Er kann dir alles über die Götter erzählen, über die Tänze, über die Trommeln."

Ich nähere mich dem Mann, der selbstversunken auf den Boden starrt, unbeeindruckt vom wachsenden Lärmpegel im Konzertraum, wo sich mittlerweile einiges Publikum gesammelt hat. Ob er mir wohl ein paar Minuten widmen könne? Für einen kleinen Grundkurs in der Geschichte der afrokubanischen Religion? Der Dunkle reagiert nicht, scheint nichts gehört zu haben. Erst nach einer halben Minute hebt er ganz langsam den Kopf. Sieht mich an, sieht durch mich hindurch. Im Prinzip ja, aber …

Nach einer kleinen Finanztransaktion greift Ismael Reyte zu Bleistift und Papier, kritzelt eine Adresse. „Komm dorthin. Um sieben Uhr abends. Dann zeige ich dir die Götter, die Tänze und die Trommeln."

Ich beschließe, vorher noch ein wenig durch die Stadt zu wandern. Zuerst ein paar Schritte hinüber zum Parque Céspedes, dem zentralen Umschlagplatz der Lebensenergien in Santiago. Hier bündelt sich auf engstem Raum alles, was die Stadt in Bewegung hält. Beherrscht wird der Parque von der fünfschiffigen Kathedrale, die im 16. Jahrhundert hier zum ersten Mal erbaut und von zahlreichen Erdbeben mehrmals zerstört wurde. Die jüngste Version datiert aus dem Jahr 1922. Gegenüber befindet sich das neokoloniale Rathausgebäude, von dessen Balkon Fidel Castro am 1. Januar 1959 seine erste Rede ans kubanische Volk hielt. Am höchsten Punkt des Platzes: das Hotel Casa Granda, das für die einheimische Bevölkerung tabu ist. Polizisten kontrollieren an der Treppe zur Terrasse – Kubaner haben keinen Zutritt.

Und die Touristen genießen bei Mojitos und Daiquiris den Blick aus ihrem Gehege wie im Kino. Der Parque Céspedes, benannt nach dem ersten kubanischen Großgrundbesitzer, der seine Sklaven freiließ, ist ein Jahrmarkt der Eitelkeiten, ein Laufsteg der verbotenen Begierden, ein Labyrinth der klandestinen Geldtransfers. Schwarze junge Männer mit Designerjeans und umgedrehten Baseballkappen sitzen bei laufendem Motor auf ihren Motorrädern, hüllen sich in Abgaswolken, kontrollieren die Szene. Hochhackige Schuhe klicken über den rissigen Asphalt, Blicke bohren sich in fremde Gesichter, flüchtige Berührungen versprechen mehr, als schließlich gehalten wird. Und die Taxifahrer stehen ein paar Meter weiter bei der Kathedrale. Rotten sich in kleinen Grüppchen zusammen. Lachen, scherzen. Sie sind teilnahmslose Beobachter des ewig gleichen Spiels, lassen ihre gelangweilten Augen auf der Komödie der Täuschungen und Verführungen ruhen, die Tag für Tag mit kaum veränderter Besetzung aufgeführt wird.

Auf der Terrasse des Casa Granda unterhält ein Zauberer die Gäste. Er führt ein paar Kartentricks vor, lässt grüne Tücher verschwinden und rote auftauchen. Hext das Wasser aus einem Glas und füllt es mit einer magischen Handbewegung wieder. „Die Kerle da unten", zischt er zu mir herüber, „sind alles Zuhälter. Sie passen auf ihre Mädchen auf. Und die *chicas* sind ihnen verfallen. Machen alles für sie, geben ihnen ihr ganzes Geld. Sie versprechen den Touristen Ehe, Himmel, Wahnsinn. Und dann kaufen sie ihren Kerls Goldketten, Motorräder, teure Uhren. Doch irgendwann hört jede von ihnen den gleichen Spruch: Du bist draußen. Und dann fällt sie ganz tief."

Ich verlasse die Terrasse, gehe an der Kathedrale vorbei in das Häusergewirr des Stadtteils Tivoli. In den engen Straßen sind noch die Schienen einer Straßenbahn zu sehen, die seit Jahrzehnten nicht mehr fährt. Nach der Gründung der Republik Haiti und der Aufhebung der Sklavenwirtschaft waren die französischen Pflanzer von dort geflüchtet und hatten sich hier in den Hügeln von Tivoli niedergelassen. Sie schufen eine Kultur der Eleganz, des Raffinements. Jede Nacht spielte ein Orchester unter der Leitung von Monsieur Dubois leichte Musik, um den wundervollen Sopran von Madame Clarais zu begleiten.

La vie en rose. Doch dann kamen die Feuersbrünste und die Erdbeben. Sie verwüsteten den ganzen Stadtteil. Heute sieht Tivoli aus wie viele kubanische Städte: Kleine, ärmliche Katen mit verwitterten Fassaden. Wie faltenüberzogene Gesichter, die zu lange gelebt, zu viel gesehen haben. In den Türrahmen korpulente ältere Frauen mit dicken Strümpfen, die stoisch das Geschehen betrachten. Kinder spielen mit Holzstöcken und zusammengeknüllten Kleiderfetzen Baseball. Alte Männer sprechen mit den Händen, klopfen einander auf die Schulter, zeigen die Zahnlücken.

Ich nähere mich dem Haus, dessen Adresse Ismael Reyte notiert hat. Ein etwas größeres Gebäude mit gelbem Anstrich. Vielleicht früher einmal eine Schule, ein Turnsaal, ein Gemeindezentrum. Jetzt ist es der Versammlungsort von Reytes religiöser Gruppe. „Komm rein", ruft er. Ein mittelgroßer Raum, vorne ein paar klapprige Bänke, hinten eine Art Altar. Eine Gruppe junger Männer und Frauen hat sich im Kreis um den Meister versammelt – Trommler, Sänger und Tänzer.

Afrokuba

„Hier in Santiago", sagt Reyte, „und vor allem in Tivoli ist der Einfluss der afrokubanischen Religionen sehr stark. Die Yoruba-Abkömmlinge haben die Santería, die Congos die *regla de palo*. Aber die Götter mussten sich immer hinter katholischen Heiligen verstecken, sonst wären sie von den Spaniern verboten worden. Der heilige Lazarus wurde zu Elegguá. Die heilige Barbara zu Changó. Die Jungfrau von *El Cobre* zu Ochún. Wir versuchen die Tradition zu erhalten, in der wir gelebt haben, seit wir Kinder waren."

Ismael Reyte navigiert seinen schweren Körper durch den Saal. Zeigt mit dem Stock auf den Altar. Eine nackte Märtyrergestalt aus Holz ist da zu sehen. Eine schwarze Madonna mit dunklem, glatten Haar, von einem goldenen Strahlenkranz umflort. Eine dunkelhäutige Puppe, ganz in Weiß, mit langem Gewand und Haube. Jesus Christus am Kreuz. Davor kleine Teller mit Honig, Zucker, Süßigkeiten. Bescheidene Gaben, um die Götter günstig zu stimmen.

Ismael klatscht in die Hände. Das Signal für drei Männer mit nackten Oberkörpern, ihre heiligen Batá-Trommeln zu bearbeiten. Der Rhythmus beginnt zögerlich, einzelne Schläge, die wie Regentropfen niederfallen. Dann erhöht sich das Tempo, das Perkussionsgeflecht wird dichter. Wirbelnde Polymetrik, die Trommeln scheinen miteinander zu sprechen. Jeder Rhythmus ein eigener Dialekt. Konversation mit den Göttern. Solostimme und Chor rufen sich melodische Phrasen zu: *Pongueledió, el bongué. Saùla bómbo, saùla bómbo.* Und die Schläge prasseln wie ein Wolkenbruch: Wild, unregel-

Santería-Fest für Changó, 1998 Guanagacoa.

mäßig, unverständlich. Jede Trommel scheint in eine andere Richtung zu drängen. Und trotzdem hält eine Kraft die Metren im Innersten zusammen, gibt dem Rhythmus Leben und Atem. Zuckende, vibrierende Körperlichkeit.

Aus dem mit einem Vorhang abgeteilten Nebenraum, der als Umkleidekabine genutzt wird, stürmt eine Gestalt in Rot: Changó, die Streitaxt wie einen Penis gereckt. Krieg, Feuer, Wollust. Mit den Händen greift er nach oben, gen Himmel. Will die Blitze aus den Sturmwolken ziehen, um sie auf die Erde zu schleudern. Der Mann mit den tausend Frauen, der schöne Berserker. Kunstvolle Bewegungen vollführend, vor Virilität strotzend. Jetzt gesellt sich eine zweite Person mit wiegenden Hüften und kokettem Augenaufschlag zu ihm: eine Mulattin, in einem gelben durchscheinenden Kleid, Ochún. Gelb wie der Honig, das Gold und die Sonne. Sie umschmeichelt Changó, drückt ihm die Hüfte ins Gesäß. Ochún lebt in den Flüssen, beherrscht die Kinder, das Geld, das Begehren. Sie ist die Schönheit der Schönheiten, vom Tanz und von der Liebe besessen. Auf Krücken humpelt Babalu Ayé in den Saal. Ein alter, schwacher Mann mit aufgeschminkten Wundmalen und Lepranarben. Er blickt in die Zukunft, und was er sieht, macht ihn nicht froh. Seine Bewegungen sind schwerfällig, ein Tanz des Todes. Yemayá ist ganz in Blau. Die Herrscherin des Meeres und der Mutterschaft, Schutzherrin des Hafens von Havanna und der Matrosen. Gemessenen Schrittes umkreist sie die Anderen. Und zuletzt kommt Elegguá, Botschafter der Gebete und Lieder zwischen Menschen und Göttern. Der Maskenspieler, der sich oft als Ratte, als Bettler oder als Idiot verkleidet. Hut, Blumenstrauß und weiß geschminkte Flecken im Gesicht. Flinke Bewegungen eines Taschendiebes. Wenn Elegguá ins Haus kommt, sagen die Kubaner, dann steht eine Tragödie bevor.

Das Pantheon der *Oríshas*, wie die Götter genannt werden, ist versammelt. Und sie tanzen zu den Trommeln, die von der Seele und vom Tod erzählen. Rasende Schlagfolgen, Schweißtropfen an den Wänden, Augen, die sich in Ekstase verdrehen. Die Energie scheint den Raum zu wölben. Die Zeit bleibt stehen, beginnt plötzlich vorwärts und rückwärts gleichzeitig zu laufen. Schwarze Löcher, verglühende Supernovas, blubbernde Anti-Materie. Ein letzter ungezügelter Wirbel, der sein Echo durch die ganze Straßenschlucht kollern lässt. Und dann: Stille. *Ache to.* Amen!

Schweiß auf den Gesichtern, Freude, Erschöpfung, Ratlosigkeit. Alle fassen sich an den Händen, sitzen im Kreis. „Jetzt hast du die Götter gesehen", sagt Ismael Reyte. Die Götter müssen verrückt sein.

Ich wanke hinaus auf die Straße. Benommen, erschlagen, kraftlos. Ich war in Afrika, 2000 Jahre vor unserer Zeitrechnung. Und jetzt taste ich mich an den Straßenbahnschienen entlang ins Hier und Heute. In meinem Kopf tanzen immer noch die Götter. Ist diese Frau dort drüben mit den Hot Pants und den stark geschminkten Lippen Ochún? Und der Krüppel, der sich im Mauerwerk der Kathedrale versteckt und flehend seine Hände reckt, Babalu Ayé? Ich denke an einen Absatz aus dem Roman *Tod in den Anden* von Mario Vargas Llosa: „Sich vergessen, vergessen, vergehen, bis du fühlst, dass der Tanz dich tanzt, dass er in deine Eingeweide eingedrungen ist, dass er befiehlt und du gehorchst, das ist der Weg der Weisheit. Du bist nicht mehr du, ich bin nicht mehr ich, sondern alle anderen. So befreit man sich aus dem Gefängnis des Körpers und tritt ein in die Welt der Geister."

Am nächsten Tag: zurück nach Havanna. Den Mietwagen habe ich abgegeben. Statt dessen reise ich mit einer alten Antonow von Air Caribe. Rumpelnd und knatternd schraubt sich die Propellermaschine in die Höhe. Gleitet über Cayo Granma, die kleine Insel in der Bucht von Santiago. Über den Morro, die Festungsanlage, die vor Jahrhunderten zum Schutz vor Piraten errichtet wurde. Und dann über die endlosen Bergzüge der Sierra Maestra. Das Catering ist bescheiden: Beim Einsteigen ein Bonbon und später eine kleine Tasse *café cubano*, schwarz und stark gesüßt.

In Havanna suche ich noch einmal Compay Segundo auf. In seinem Haus in der Calle Salud. Sein Sohn Salvador, der in seinem Ensemble Kontrabass spielt, ist gerade da. Gemeinsam arbeiten sie an den Arrangements für eine paar neue Kompositionen. Als Compay mich sieht, lächelt er und stimmt ein afrikanisches Lied an: „Su Señora la Conga". Salvador schlägt dazu mit dem Löffel den Rhythmus. „Warst du in Santiago?" fragt Compay. „Hast du die Götter gesehen?" Ich nicke. „Dann weißt du ja Bescheid." Und er singt: *Es mi vida un crucigrama* – mein Leben ist ein Kreuzworträtsel, und ich weiß nicht, wie ich es lösen soll. Seine Stimme, einst die schönste *seconda grave* Lateinamerikas, das wohltönendste Timbre in den tiefen Lagen, ist brüchig und rissig geworden. Oft verfehlt er den Ton, kann den eleganten Bogen der Melodie nur noch ungefähr nachzeichnen. „Ich gehe in die Bar", singt Compay, „um zu singen. Um zu trinken. Um die Qualen zu vergessen, die mir das Leben bereitet."

Die Liebe, das Leben, die Pein, die Einsamkeit: Kubanische Paradigmen, die hin und her geschoben werden. Bruchstücke der Existenz, die immer wieder neue chemische Verbindungen eingehen. Neue Lebensläufe hervorbringen, neue Leidenschaften produzieren, neue Qualen, neue Ausweglosigkeiten.

„Ist dein Leben ein Kreuzworträtsel?" frage ich Compay Segundo. Er schmunzelt: „Kann schon sein. Aber die meisten Wörter habe ich bereits eingetragen. Ich lehne mich zurück, blicke in die Vergangenheit. Sehe fast ein ganzes Jahrhundert. Jede Musik hat ihre Zeit, aber die, die niemals untergeht, ist die traditionelle. Weil wir alle zu unseren Ursprüngen zurückkehren müssen."

DER KÖNIG DER ÄTHERWELLEN
Der Radiomoderator Eduardo Rosillo und die Suche nach dem real existierenden Buena Vista Social Club

Radio Progreso

Der Malecón: mehrspurige Uferstraße, die die Stadt Havanna vor dem geifernden, giftenden, schäumenden Meer schützt. Bei schlechtem Wetter donnern die Brecher über die steinernen Mauern, hüllen die Autos in eine Wolke aus Gischt. Das Wasser streckt seine Zungen über die Fahrbahn, leckt an den blaßblauen und rosafarbenen Säulenhäusern, die die Fahrbahn säumen. Traurige verätzte Pracht von gestern. Ein Duft von Fäulnis hängt in den Gassen. Er zieht von den Abfallhalden herüber, die sich in den Kolonnaden türmen. Wenn Venedig aussieht wie eine Stadt, die zum Untergang verurteilt ist, dann wirkt Havanna, als ob es schon einmal versunken wäre und wieder aufgetaucht ist, hat ein Dichter geschrieben.

Der Malecón ist ein Spiegel der Stimmung in der Stadt: Oft stehen nur ein paar Fischer auf der Mauer. Werfen ihre Köder aus. Kinder in roten oder gelben Schuluniformen schlendern gemächlich vorbei. Kicken sich Holzstücke zu. Plaudern mit gedämpfter Stimme. Alte Männer ducken sich in die Mauerwinkel. Reglos wie Statuen. Warten. *Buenos días, tristeza!*

Doch wenn der Karneval durch die Stadt fegt, wenn das Fest des heiligen Lazarus gefeiert wird, wenn die Jugendorganisation der Partei den Abschluß eines Kongresses zelebriert, dann verwandelt sich der Malecón in eine Tanzfläche, einen Boulevard, einen Traumpfad. Bierbuden werden aufgebaut, literweise fließt Bier aus den Zapfhähnen. Aus den Radios dröhnen Salsa, *Merengue, Timba*. Die Schritte der Flaneure beschleunigen sich, gehen unmerklich in Tanzbewegungen über. Rausch, Taumel, Überschwang. Gelegentlich blitzt ein Messer, schlägt eine Faust zu, wird eine Brieftasche gezogen. Doch die Welle der Musik rollt über kleine Gauner, humpelnde Alte, zögerliche Spaziergänger einfach hinweg. Wer ihren Rhythmus versteht, der kann auf ihr surfen, seinem Leben einen leichtlebigen, seinsvergessenen Swing geben. Die anderen werden begraben. Das Fest ist der Ausnahmezustand, das Hochamt des Fleisches und der Sinne, das weder Mangelwirtschaft noch politische Repression zu beeinträchtigen vermag.

Direkt vom Malecón führt die Infanta hinauf zu dem Hügel, der von der Universität bekrönt wird. Zur Linken, auf halber Strecke, das Gebäude von Radio Progreso. Dem Sender, der sich jahrzehntelang besonders um die Pflege der traditionellen kubanischen Musik verdient gemacht hat. Ich wurde von Eduardo Rosillo eingeladen, bei der Produktion seiner Sendung „La discoteca popular" zuzusehen. Rosillo, der beliebteste Radiomoderator der Insel, die Legende der Ätherwellen. Er empfängt mich in der kleinen Lobby im Erdgeschoss, wo hinter einem hölzernen Schreibtisch eine gelangweilte Staatsangestellte ihre Dienstzeit absitzt. Rosillo ist 70 Jahre alt, stämmig. Zurückgekämmte weiße Haare zu brauner Haut, einnehmende Gesichtszüge, stoischer Blick, Zigarre im Mundwinkel. „Ich hatte vor zwei Jahren einen

Herzinfarkt", sagt er. „Der Arzt hat mir das Rauchen verboten. Aber was solls. *Qué será, será.*" Rosillo spricht langsam, artikuliert deutlich. Nicht so wie die meisten Kubaner, die halbe Sätze verschlucken und einander semantische Kürzel hinwerfen, die für Außenstehende nahezu unverständlich sind.

Mit dem Lift fahren wir hoch in den dritten Stock. Zum Studio. Ein paar kümmerliche Topfpflanzen mit traurig herunterhängenden gelben Blättern schmücken den schmalen Gang. Aus defekten Lautsprechern tönt pfeifend und knisternd das aktuelle Radioprogramm. Rosillo und sein Co-Moderator Jorge Pertinaud Martínez haben, wie jeden Sonntag, einen Studiogast eingeladen. Heute ist es Senén Suarez, ein schmächtiger, weißer Mann mit dünnen rötlichen Haaren, Jahrgang 1922. Suarez hat einst mit Nico Saquito gesungen, dem verstorbenen König der *Guaracha*. Und er trägt genügend Anekdoten in seinem Gitarrenkoffer mit sich herum, um damit eine Stunde Sendezeit zu füllen.

Nico Saquito

„**W**ie war das damals in den vierziger Jahren", fragt Rosillo ihn unter anderem, „als ihr für Radio Cadena Azul das berühmte Stück ‚Alborada' von Celia Romero aufgenommen habt?" Senén Suarez legt wie auf Knopfdruck sofort los: „Eine wahre Odyssee. Wir hatten schon acht Nummern im Kasten und machten ‚Alborada' als Letztes, weil wir dachten, dass es ganz leicht werden würde. Damals gehörte der Sänger Orlando Vallejo noch zu unserer Gruppe. Er las den Text des Liedes von einem Blatt

Die Eröffnung des Varietés Tropicana 1947: Estanislao ‚Laíto‘ Sureda (ganz links), *Los Hermanos Castro* (in der Mitte hockend), *Rubén González* (rechts hockend), *Orlando Vallejo* (rechts stehend).

Papier ab, eine Strophe nach der anderen. Plötzlich kam er ins Stottern, schlug sich mit der Hand auf die Stirn. Eine Fliege hatte sich dort niedergelassen und die Beine aneinander gerieben. Nachdem Vallejo sie vertrieben hatte, versuchten wir, weiterzumachen. Doch das Insekt kam wieder, landete mal auf Orlandos Nase, mal auf seinen Ohren. Er drehte den Kopf ruckartig hin und her, doch die Fliege war hartnäckig. Schließlich brachen wir in lautes Gelächter aus. Wir konnten einfach nicht mehr. Und dann hörten wir eine böse Stimme aus dem Kontrollraum: ‚Ihr habt es vermasselt.‘ Es war Nico, der die Sache mit der Fliege überhaupt nicht mitbekommen hatte." Man merkt, dass Suarez diese Geschichte und die anderen, die er während dieser Stunde präsentiert, schon Dutzende Male erzählt hat. Vor den Pointen macht er kleine dekorative Pausen, das Pokerface legt er während des ganzen Interviews nicht ab.

Auch jenseits von Buena Vista gibt es auf Kuba einen nostalgischen Erinnerungskult. Eine Mythen- und Legendenwelt, deren Geschichten in einen ewigen Kreislauf geschleust worden sind und dort bei jeder Umdrehung mehr Wahrheitsgehalt bekommen. Bis sie schließlich Teil der offiziellen Musikgeschichtsschreibung sind. Eduardo Rosillo gibt jetzt das Signal zum Plattenstart von „Alborada". Eine *Guajira*, ein Stück, das die Schönheiten des Landes feiert. Ein wenig gravitätisch, fast schon Salonmusik. Die Saiteninstrumente flirren wie neapolitanische Mandolinen, das Klavier klingt wie die Begleitmusik zu einem Stummfilm. Eine Musik, von der Patina der Jahre bedeckt. Dünner, stumpfer Klang, wie durch einen Vorhang gehört. Ich betrachte die Hülle des Tonträgers: Links Senén Suarez mit einem Hemd, dessen Rüschen obszön wuchern wie die tropische Vegetation im Regenwald der Sierra Maestra. Und in der Mitte Nico Saquito, elegant, mit Fliege und schmalkrempigem Hut. Kalte Augen, schmale Lippen. Ein Gesicht, fast wie Alain Delon in „Der eiskalte Engel". Eine Gestalt, die man sich eher als Croupier in einem der früher von der Mafia kontrollierten Hotels in Havanna vorstellen kann, denn als Interpret von scherzhaften Liedern, die von herrschsüchtigen Ehefrauen handeln. Oder von der Mulattin Celestina, die im Meer von einem Guabina-Fisch gebissen wird. *Entra, entra, guabina*, heißt es im Refrain, *por la puerta de la cocina.* – Komm herein, Guabina. Durch die Küchentüre.

Eduardo Rosillo verlässt das enge Kämmerchen des Aufnahmestudios. Zwar gibt es hier keine Rauchmelder, aber er will die Gäste und Mitarbeiter an den Reglern des Mischpultes nicht zuqualmen. Wir gehen in einen Nebenraum. *Desactivado*, sagt Rosillo. – Außer Betrieb. Die Kabel sind gekappt, die elektronischen Gerätschaften wurden entfernt. Statt dessen steht hier jetzt ein großer Tisch mit einer Schleifmaschine. Auf Kuba sind auch die Radiostationen multifunktional.

„Weißt du eigentlich, wie Nico Saquito zu seinem Namen gekommen ist?" fragt Rosillo. Ich verneine. „Er hieß in Wirklichkeit Benito Antonio Fernández Ortiz. Nico war ein großer Baseballspieler. Ein wahrer Meister im Bällefangen. Darum nannten ihn seine Freunde *saquito* – kleiner Sack. Und unter diesem Namen wurde er bekannt." So wie alle anderen Sänger damals sei Nico von Zuckermühle zu Zuckermühle gezogen, habe da und dort für ein paar Pesos bei Serenaden und Geburtstagsfesten gespielt, Lieder für die Comparsas, die zu Karneval in Santiago durch die Straßen zog, geschrieben, Pferde gebadet, Mangos verkauft. „Er war ein lustiger Typ, aus dem die Witze nur so heraussprudelten. Die Leute lachten und zahlten ihm fünf oder zehn Pesos dafür. So fand er auf ganz selbstverständliche Weise zur *Guaracha*. Als er 1930 nach Havanna kam, spielte er übrigens hier, bei Radio Progreso, zum ersten Mal im Radio." Nico Saquito habe Hunderte von Liedern geschrieben, und damit ganz Kuba zum Lachen gebracht. „Aber die *Guaracha* war nicht so harmlos, wie man glauben könnte. Schon im 19. Jahrhundert haben die Sänger durch sie zwischen den Zeilen die spanische Regierung kritisiert. Auch Nico hat kritische Lieder geschrieben. Gegen die Ausbeutung der Farmer. Und gegen die Yankees, die unser Land nach der Unabhängigkeit ausgeplündert haben. Während der Diktator Machado an der Macht war, standen etliche seiner *Guarachas* auf der schwarzen Liste. Nico Saquito ging 1948 nach Venezuela und unterstützte von dort aus die ‚Bewegung des 26. Juli‘. Aus ihr ist später die Revolution hervorgegangen.“ Solche Leute wie Nico Saquito, die heute nicht mehr viel gelten, wolle er in seinen Sendungen präsentieren, meint Eduardo Rosillo. „Die junge Generation in Havanna hört nur noch Salsa, Disco oder Rap. Aber der Erfolg von *Buena Vista Social Club* hat ja gezeigt, dass die ganze Welt unsere Musik liebt. Und wenn wir noch ein wenig durchhalten, kommt es vielleicht zu einer neuen Blüte der traditionellen kubanischen Musik.“

Rosillo klopft die Zigarre ab und steckt sie in die Brusttasche seiner Weste. Er geht zurück ins Studio und bringt die Sendung mit einem Bouquet klassischer Boleros zu Ende. Roberto Faz fleht: *Si me comprendieras* – wenn du mich nur verstehen würdest. Pacho Alonso schmachtet: *Me faltabas tú* – du hast mir gefehlt. Und Beny Moré bringt die Sache mit kehligem Falsett auf den Punkt: *Amor fugaz* – flüchtige Liebe. Der Schlag eines Schmetterlingsflügels in der Nacht des Vergessens.

„La discoteca popular“ schließt ihre Pforten. Das rote Licht mit der Aufschrift „Auf Sendung“ erlischt. Rosillo, Jorge Pertinaud und ich verlassen das Gebäude von Radio Progreso, überqueren die Infanta und setzen uns in die schlichte Bodega auf der anderen Straßenseite.

Buena Vista Social Club – die Urfassung

Rosillo will mir noch eine Geschichte erzählen. Eine unglaubliche Story über ein Projekt, das die Idee des Buena Vista Social Club schon zu einem Zeitpunkt realisiert hatte, als Ry Cooder noch nicht einmal wußte, dass Compay Segundo und Ibrahim Ferrer überhaupt existieren. „1994 habe ich", erzählt Rosillo, „am internationalen Festival del Son in Santiago de Cuba teilgenommen. Mein Hotelzimmer teilte ich mit einem der größten kubanischen Sänger aller Zeiten, einem herausragenden Interpreten des Son: Raul Planas. Du kennst ihn von den Platten der Afro Cuban All Stars. Vor dem Schlafengehen redeten wir noch ein wenig, und ich erzählte ihm von einer Idee, die mir schon seit einiger Zeit durch den Kopf geisterte: Ob er sich vorstellen könne, eine Platte mit Stücken des verstorbenen Komponisten und Pianisten Luis Martínez Griñán, der als Lilí Martínez bekannt war, aufzunehmen." Dieser Klavierspieler, sagt Rosillo, sei einer der begabtesten Musikerfinder auf Kuba gewesen, *un terremoto de ideas* – ein Erdbeben an Ideen. Mitglied im Conjunto von Arsenio Rodríguez, so wie Rubén González. Später auch in der Band des Trompeters Felix Chappottín, die mit urbaner Eleganz und Virtuosität auf der Schnittstelle zwischen Son und Jazz tanzte. „Raul Planas war von der Idee begeistert, aber er wandte ein, dass die Kompositionen von Lilí zu bekannt seien, dass sie seit Jahrzehnten ständig gespielt wurden. Ich erzählte ihm, dass ich gute Beziehungen zur Witwe von Martínez hätte, und wüsste, dass sie in ihrer Wohnung noch etliche unveröffentlichte Stücke aufbewahren würde. Damit hatte ich Raul Planas überzeugt, und wir gingen mit vereinten Kräften daran, die Idee zu verwirklichen." Eduardo Rosillo traf den Direktor der staatlichen Plattenfirma Egrem und konnte auch ihn für das Projekt „Raul Planas singt unveröffentlichte Stücke von Lilí Martínez" begeistern. „Ein Produzent wurde bestellt und Studiozeit gebucht. Meine Bedingung war, dass nur Musiker an der Aufnahme teilnehmen sollten, die eine Beziehung zu Lilí Martínez hatten. Die entweder Mitglieder einer seiner Bands gewesen waren oder zumindest seine Art des Komponierens und Arrangierens genau kannten und damit arbeiten konnten." Der erste Musiker, der verpflichtet wurde, war Arturo Harvey, ein Veteran aus dem Conjunto Chappottín. Er brachte weitere Leute mit. Namen, die heute jeder kennt: Rubén González am Klavier, Orlando ‚Cachaíto' López am Bass. *Son inconcluso*, wie das fertiggestellte Album schließlich hieß, war die Keimzelle zu jener Buena Vista-Idee, die wenig später Weltkarriere machte: eine Mischung aus lorbeerbekränzten Veteranen und jüngeren Kräften in der Perkussionsgruppe. Eine große Sonero-Stimme im Mittelpunkt, umschmeichelt und herausgefordert von einem Chor. Dazu die akustischen Lichterketten, die Rubén González so unnachahmlich am Klavier zu entflammen weiß, und der lässig hängende und trotzdem treibende Bass von ‚Cachaíto'. „Die Platte war 1995 fertig", sagt Eduardo Rosillo. „Also zwei Jahre vor *Buena Vista Social Club*. Aber Egrem wollte sie nicht herausbringen. Ursprünglich war geplant, bekannte und unbekannte Stücke zu mischen. In der Endfassung waren schließlich nur noch die verschollenen Kompositionen aus dem Nachlaß von Lilí Martínez auf der CD. Ganz offensichtlich traute man diesen Aufnahmen aber keinen

Erfolg zu. So wanderten die Bänder erst einmal ins Archiv."

Und dann, meint Rosillo mit leicht abfälligem Unterton, kamen die Buena Vista-Abenteurer, die Ton-Spione aus fernen Ländern und ernteten die Früchte, die mit den Raul-Planas-Aufnahmen gesät worden waren. Er drückt sich vorsichtig aus: „Ein jüngerer Musiker aus Kuba half Nick Gold und Ry Cooder, die Musiker für ihr Projekt zu finden: Juan de Marcos González, Chef der Band Sierra Maestra und Erfinder der Afro Cuban All Stars. Er wußte nichts von *Son inconcluso*. Aber die Ideen liefen doch erstaunlich parallel. Nachdem *Buena Vista Social Club* weltweit mehr als eine Million Exemplare verkauft und sogar einen Grammy gewonnen hatte, entschloß sich Egrem endlich, auch die Lilí-Martínez-Aufnahmen zu veröffentlichen. Doch die Platte, die eigentlich eine Pioniertat gewesen war, erschien nun wie ein Nachzügler-Produkt, das ein erfolgreiches Konzept zu kopieren versuchte. Und sie hatte nicht den geringsten Erfolg."

Rosillos Kompagnon Jorge Pertinaud wird deutlicher, wenn es um das *Buena Vista*-Phänomen und dessen Wirkung auf die Weltmusikszene geht. „Die internationale Musikpresse will den Eindruck vermitteln, dass Buena Vista mit seiner Mischung aus Son, Bolero und der nordamerikanischen Slide-Gitarre von Ry Cooder musikalisches Neuland betreten hat. Das ist Unsinn. Das zeigt nur, dass die Journalisten keine Ahnung von kubanischer Musik haben. Schon in den dreißiger Jahren, als der Son dabei war, sich zu modernisieren, haben viele kubanische Musiker Elemente der nordamerikanischen Musik aufgegriffen und ‚kubanisiert'. Der verstorbene

Niño Rivera, ein großer Tres-Spieler, hat viel mit Blueselementen experimentiert. Und Miguel Matamoros hat ein Stück namens ‚Sombra' geschrieben, das hier bei uns ein ‚Son mit fremdem Akzent' genannt wird, weil vieles daran an die populäre Musik der USA erinnert. Es gab immer schon wechselseitige Einflüsse. Kuba hat den Vereinigten Staaten mehr als 25 Rhythmen geschenkt und sich dafür im Gegenzug einige harmonische und melodische Raffinessen geborgt. Auf *Buena Vista* kann man das alles hören. Ich würde dabei nicht von Innovation sprechen, sondern einfach von der aktuellsten musikalischen Interpretation eines Prozesses, der schon seit Jahrzehnten in Gang ist." Weil Pertinaud gerade so schön in Kritisierlaune ist, schaltet er noch einen Gang höher: „Ich verehre Wim Wenders sehr. Ich mag seine Spielfilme. Aber mit dem Bild von der kubanischen Musik, das er in ‚Buena Vista Social Club' vermittelt, kann ich nichts anfangen. Da fährt Ry Cooder auf dem Motorrad durch die verfallenen Straßen von Havanna. Wie Buffalo Bill, der kommt, um die Indianer zu überwältigen und gleichzeitig ihre Seelen zu retten." Aber die kubanischen Musiker mussten nicht „entdeckt" werden, meint Pertinaud. Sie seien immer schon da gewesen und hätten nur einfach nicht das Geld gehabt, um ein Projekt wie *Buena Vista* zu finanzieren und weltweit zu vermarkten. „Im Wenders-Film laufen sie in New York herum, wundern sich darüber, wie hoch dort die Häuser sind. Sie werden vorgeführt wie Kinder, die man direkt aus dem Urwald des Amazonas in eine westliche Metropole verschleppt hat. Für mich sind unsere Musikveteranen *genios naturales* – Naturgenies, die ihre Kunst meisterhaft beherrschen. Aber man darf sie nicht nach westlichen intellek-

Jazz Fest Wien 1999: Jesús Ramos (links), *Rubén Gonzalez* (Mitte),
Orlando ‚Cachaíto' López (rechts).

tuellen Maßstäben messen. Sie sind Autodidakten, sie wissen nicht allzu viel von der Welt." Für ihn sei die Sache ganz klar: „*Buena Vista Social Club* ist eine Platte von enormer künstlerischer Qualität. Aber eben auch ein Produkt, das sich verkaufen musste. Und der westliche kapitalistische Markt brauchte dazu eine Legende, um seine Ware mit Aura auszustatten. Der Film ‚Buena Vista Social Club' ist die Legende zu diesem Produkt."

Das scheinbar simple *Buena Vista*-Phänomen: Ist hier eine neokolonialistische Attitüde am Werk, die den Kubanern ihre genuine Kunst entreißen und aus der Nostalgie Profit schlagen will? Wird ein retrospektives Harmoniebild gezeichnet, das viel mehr mit den emotionalen Mangelerfahrungen der Ersten Welt zu tun hat als mit der kubanischen Gegenwart? Oder hat die magische Handauflegung durch Ry Cooder und Nick Gold bewirkt, dass eine Kunst, die sonst verschollen und vergessen worden wäre, noch einmal in vollem Glanz erstrahlen kann? Vielleicht gibt es ein grundlegendes Missverständnis zwischen Nord und Süd, eine emotionale Dissonanz, die auch durch wohlwollende Annäherung nicht aufgelöst werden kann.

„Übrigens", sagt Eduardo Rosillo noch, „war *Son inconcluso* nicht die erste kubanische Platte, die das *Buena Vista*-Konzept vorwegnahm. 1992 hat der kubanische *Nueva Trova*-König Pablo Milanés *Años* gemacht, eine CD mit Compay Segundo. Da war auch ‚Chan Chan' schon drauf. Und danach gab es noch das Album *Las raíces del son …*" Mir schwirrt der Kopf.

Mittlerweile steht die Sonne tief. Lange Schatten legen sich auf die Calle Infanta. Aus einer Nebenstraße hört man eine Erdnussverkäuferin ihre Ware feilbieten:

Mani, Mani. Studenten von der nahe gelegenen Universität schlendern vorbei. Viele von ihnen erkennen den berühmten Radiomoderator und grüßen ihn lauthals. Wir bezahlen die aus Rum und Tropi Cola gemischten Cuba libres und verabreden uns für den nächsten Tag in der Wohnung Rosillos. Ich gehe zu Fuß bis zum Viertel Vedado. Dort befindet sich die Pension, in der ich wohne. Ich laufe vorbei am Hotel St. Johns, wo im Lokal Pico blanco im 14. Stock seit vielen Jahren Liebeslyrik deklamiert und Bolero gesungen wird. Über die 23. Straße, die Rampa. Hoheitsgebiet der Transvestiten und *pingueros*, der schwulen Knaben, die auf der Jagd nach zahlungskräftigen Touristen sind. Jetzt, am Sonntagabend, ist noch alles ruhig. Havanna atmet aus. Die Polizisten drehen gelangweilt die Schlagstöcke in den Händen. Familien in Sonntagskleidung strömen vom Malecón zurück. Ein paar Ladas quälen sich unter erheblichem Abgasausstoß die 23. Straße hoch. Havanna liegt in der Abendsonne träge da wie ein dösender Panther, der im Traum ab und zu mit der Pfote zuckt. Der ausklingende Sonntag ist die friedvollste Zeit in der Stadt. Untertags sind alle mit *la lucha* beschäftigt, dem täglichen, mühevollen Kampf ums Überleben: kleine Schwarzmarktschiebereien, der Verkauf von Diebesgut aus den staatlichen Fabriken, der ewige Wettbewerb um die Aufmerksamkeit der Touristen, denen man auf die eine oder andere Weise ein paar Dollars aus der Brieftasche ziehen möchte. Und in der Nacht zieht die Stadt die Nutten-Stilettos an, schminkt sich das runzlige Antlitz und lotet die Zwielicht-Zone zwischen zweckfreiem Exzess und käuflicher Liebe, zwischen dem Rausch des Vergessens und dem Tanz auf dem Vulkan aus. Eine Welt, die verführerisch, rätselhaft und verschlossen ist. Ein Universum der Schatten, das sich der Beobachter aus Chiffren, Lügen, pathetischen Gefühlsäußerungen, geplatzten Verabredungen und mysteriösen Begegnungen immer wieder neu zusammensetzen muss.

Eliancito und Fidel

Am nächsten Tag mache ich mich nachmittags auf den Weg zu Eduardo Rosillos Wohnung in der Calle Vapor. Am schnellsten und billigsten geht das mit den illegalen Taxis, die im Hinterhof des Rápido, eines kubanischen Schnellimbiss, auf Kunden warten. Doch heute schlägt der *compañero*, der von den Kollegen auf die Straße geschickt wurde, um Kunden zu den Autos locken, die Hände über dem Kopf zusammen und verdreht die Augen: *Todo cerrado* – alle Straßen sind abgesperrt. Keine Chance, ins Stadtzentrum durchzukommen. Die Regierung sei gerade dabei, eine riesige Demonstration vorzubereiten. Es gehe um Elian. Um wen? frage ich. Na, Elian González, erläutert der Taxifahrer. Jenen sechsjährigen Jungen, der mit seiner Mutter und seinem Stiefvater auf einem Boot geflohen sei, das vor der Küste Floridas Schiffbruch erlitten habe. Alle seien ertrunken, nur den Jungen habe die US-amerikanische Küstenwache retten können. Und jetzt wollten die USA das Kind nicht mehr gehen lassen. Obwohl sein leiblicher Vater auf Kuba lebe und sich wünsche, mit seinem Sohn wieder zusammenzuleben. Diesen Affront und Verstoß gegen das Völkerrecht könne sich Fidel von seinem Erzfeind im Norden nicht gefallen lassen.

Der Besuch bei Rosillo muss vertagt werden. Statt dessen beschließe ich, ein wenig am Malecón entlang zu wandern. Auf der Uferstraße staut sich eine endlose Reihe von altertümlichen Lastwagen. Es sind die Fahrzeuge der Bauern, die offensichtlich in die Stadt geschafft wurden, um dem Massenaufmarsch der Werktätigen eine besonders eindrucksvolle Symbolik zu verleihen. Von den großen Zufahrtsstraßen zum Malecón, der Línea und der Infanta, marschieren in ordentlichen Reihen Abteilungen der Schüler- und Studentenorganisationen auf den Platz vor der amerikanischen Vertretung. Die Kinder schwenken Papierfähnchen mit der kubanischen Flagge und tragen Sticker mit der Aufschrift: „Elian – deine Heimat verlangt nach dir." Eine Bühne ist vor der Pforte der Amerikaner aufgebaut worden, kleine Verkaufsbuden bieten Getränke und Süßigkeiten an: Volkszorn als Volksfest. Und auch das Fernsehen ist mit mehreren Übertragungswagen angerückt, um der ganzen Welt Bilder von einer wohlorganisierten „spontanen" Massenerregung zu präsentieren.

Auf der Bühne: La Colmenita, eine Kindertheatergruppe, die fröhliche Tänze mit Masken und Gesänge vorführt. Und dann, in wohl ausgepegeltem Wechselspiel Redner aus den verschiedensten Gliederungen der kommunistischen Partei Kubas und *cantadores* aus dem Dunstkreis der *Nueva Trova*. Sarah González, eine sehr männlich wirkende Chanteuse in Jeans und T-Shirt singt gemeinsam mit Amaury Pérez zur akustischen Gitarre das Lied „Identidad" von Pablo Milanés: „Vergesst die Jahre, die vergangen sind. Ich freue mich auf die Jahre, die noch kommen." Und dann tritt Silvio Rodríguez ins Scheinwerferlicht, wohl der berühmteste der postrevo-

lutionären Vertreter der *Nueva Trova.* Mittlerweile 55
Jahre alt, etwas schmal und schütter geworden. Der Mu-
sik-Intellektuelle mit Brille, der sensible Wortverdreher,
der dem begrenzten Wortschatz der alten Liebeslieder
eine neue poetische Ausdrucksvielfalt hinzugefügt hat.
Rodríguez bringt seine Kompostion vom „Unicornio",
dem blauen Einhorn. Jenem Fabeltier, das Glück, Hoffnung, Zukunft bedeutet und so flüchtig ist wie der Wind.
Und die Jugendlichen vor der Bühne sind gerührt, halten
ihre Fähnchen in den Wind. Im Hintergrund bläht sich
ein riesengroßes Che-Konterfei, das auf ein transparen-
tes Tuch gemalt und vor die Fassade eines Hochhauses
gespannt wurde.

Es gibt keinen Buena Vista-Zauber bei der Elian-Show.
Weit und breit kein Ibrahim Ferrer, kein Rubén González, kein Compay Segundo. Die politische Generalmo-
bilmachung erinnert in ihrer Inszenierung eher an die
Aufmärsche der deutschen Friedensbewegung in den
achtziger Jahren oder an die Anti-AKW-Proteste vor Wa-
ckersdorf. Die politische Rhetorik kommt aus dem anti-
amerikanischen Floskel-Reservoir, das den öffentlichen
Diskurs schon seit Jahren speist: *El bloqueo* – das Han-
delsembargo wird rituell gegeißelt. Keiner der Redner
vergisst, darauf hinzuweisen, wie die angeblich men-
schenrechtskonformen USA mit ihren Minderheiten um-
gingen und welch erschreckende Zahl von Armen und
Enteigneten, Drogensüchtigen und Kriminellen diese
prosperierende Gesellschaft produziere. Und immer
wieder Sprachchöre, die die aufgeregten Deklamationen
rhythmisch interpunktieren: *Elian, amigo. El pueblo está
contigo* – Elian, Freund. Das Volk ist mit dir.

Das Fernsehen hat die zwei Kanäle von Cubavision

freigeräumt – keine *telenovela* heute, kein Kinder-
programm, kein „Meister Eder und sein Pumuckl" in
spanischer Synchronfassung. Statt dessen: eine endlose
Parade von gereckten Fäusten, von zornig gefurchten
Gesichtern, von sich überschlagenden Stimmen. Ich
achte gar nicht mehr auf die ohnehin austauschbaren
Inhalte, sondern nur noch auf Gesten, Bewegungen und
Tonfall der Akteure. Man kann sich des Eindrucks nicht
erwehren, dass die „Causa Elian" von der Regierung in-
strumentalisiert wird, um endlich wieder einmal die
Möglichkeit zu haben, sich mit ungebrochener Stärke
der ganzen Welt zu präsentieren. Und gleichzeitig die
Hackordnung in der Partei festzulegen – gemäß der Sendezeit, die den einzelnen Sprechern eingeräumt wird.

Nur einer hält sich erstaunlich lange zurück: der *com-
andante en jefe*, der große Führer, der längstdienende
Revolutionär der Dritten Welt: Fidel Castro.

Endlich, spätabends, erscheint der *máximo líder* auf
dem Bildschirm. Er ist nicht in Havanna, sondern im
Heimatort von Elian González in der Nähe von Matanzas. Fidel steht in der Schule des Knaben, vor dem ver-
waisten Pult. Er beugt sich, ganz pater patriae, zu den
Kindern hinunter und lässt sich erzählen, welch uner-
messliches Leid sie ob des Verlustes ihres Klassenkame-
raden empfinden. Fidel wirkt etwas derangiert und un-
konzentriert, spricht immer wieder von Juliancito statt
von Elian. Und dann werden die Kulissen weggeblendet:
die Kinder, die Schule, die Zimmerpflanzen – das ganze
Mobiliar der rührseligen Stimmungsmache. Das Gesicht
des Staatschefs ist jetzt ganz groß und beugt sich onkel-
haft in die Wohnstuben seines Volkes. Fidel ist alt geworden: Sein Gesicht sieht gelb und fleckig aus, die Wangen

hohl, die Augenbrauen grau und struppig. Er erzählt nur das, was er jeden Abend erzählt, was alle anderen gerade vorher erzählt haben. Aber er erzählt es anders. Fidels Fernsehauftritte sind keine professionellen Verlautbarungen, sondern eine Form von absurdem Theater. Immer wieder unterbricht er seine Rede, kratzt sich am Kopf, denkt lange, lange Sekunden nach, ehe er einen Gedanken mit seiner dünnen, heiseren Stimme weiterspinnt. Er arbeitet dabei mit den Händen, stößt immer wieder versehentlich an das Mikrofon. Setzt dann einen erschrockenen Blick auf, so, als sei die Technik ein unbezwingbarer Gegner, dem selbst mit der Guerillastrategie von damals aus der Sierra Maestra nicht beizukommen ist. Fidel Castro flirtet auf geradezu frivole Weise: mit der Kamera, mit seinen Untertanen, mit den Leuten im Studio, deren unsichtbare Präsenz er durch sein ungeschicktes Gehabe körperlich fühlbar werden lässt. Er gibt den taperigen Großvater, der schon ein wenig schrullig geworden ist und nicht mehr recht weiß, was in der Welt vor sich geht. Und er lässt doch spüren, dass hinter der Greisenkomödie ein unbeugsamer Wille zur Macht steht – eine mehrfach codierte mimisch-rhetorische Meisterleistung.

Von Zeit zu Zeit seh ich den Alten gern – im Fernsehen, sagen sich auch heute noch die meisten Kubaner. Selbst die, die der Revolution längst abgeschworen haben und von einem Ticket nach Miami träumen.

„Wie hält es Fidel eigentlich mit der Musik?" frage ich Alicia, die Hauswirtin, bei der ich ein Zimmer gemietet habe. „Es ist nicht so, dass er sie nicht mag", meint sie. „Aber sie bedeutet ihm auch nicht allzu viel. Fidels Leidenschaften liegen woanders: beim Sport oder bei großen Auftritten vor internationalem Politikerpublikum. Immerhin hat er dafür gesorgt, dass die Musiker nach der Revolution – zum ersten Mal in der kubanischen Geschichte – vom Staat ein Gehalt bekamen. Und er hat auch die Ausbildungsmöglichkeiten an den Musikschulen und Konservatorien verbessert. Aber ich glaube, es gibt keinen Menschen, der Fidel Castro je tanzen oder singen gesehen hat."

Der Danzón

Am nächsten Tag hat sich die Verkehrssituation in der Stadt ein wenig entspannt. Obwohl die Demonstrationen noch bis zum Ende der Woche weitergehen.

Auch über Eduardo Rosillos defekten Schwarzweißfernseher flimmern die Aufzeichnungen von der permanenten Demonstration: die Gesichter in die Länge gezogen, die Stimmen seltsam verzerrt. Ein surreales Spiel der Bilder und Töne. Rosillo hat Tequila serviert und wippt jetzt behaglich in einem Schaukelstuhl. Mit dem Stumpen seiner Montecristo-Zigarre deutet er auf die Gespensterparade im Fernsehen. „So etwas kann die Partei jetzt gut gebrauchen. Das Volk ist müde, frustriert, kraftlos. Die Sonderperiode hat ihm die letzten Lebensenergien genommen. Aber wenn es wieder einmal gegen die Nordamerikaner geht, hat Fidel die Kubaner immer noch hinter sich." Man müsse den kubanischen Patriotismus aus seiner Geschichte heraus verstehen, meint Rosillo. Das Land habe lange unter der spanischen Gewaltherrschaft und der Sklaverei gelitten. „Die Idee einer kubanischen Nation ist erst in den Unabhängigkeitskriegen im 19. Jahrhundert entstanden, bei denen auch die befreiten Sklaven mitgekämpft haben. Und sie hat sich gefestigt, als die Amerikaner Kuba scheinbar befreit haben, um sich dann wie die neuen Kolonialherren aufzuspielen – bis sie mit der Revolution aus dem Land getrieben wurden." Er habe eine Theorie, die nicht von allen kubanischen Intellektuellen geteilt werde: „Eine Nation, die diesen Namen wirklich verdient, muss eine Kultur haben, die sie von allen anderen existierenden Kulturen unterscheidet. Und ich glaube, dass die erste kulturelle Manifestation des kubanischen Nationalbewusstseins der *Danzón* war."

Rosillo geht hinüber zu einem etwas altertümlichen Plattenschrank und legt ein Stück des Orchesters Antonio María Romeu auf, „Tres lindas cubanas". Eine Flöte formuliert, aufgeregt zwitschernd, die Melodie, gestützt von zwei Violinen. Blockige Klavierakkorde markieren den Rhythmus, im Hintergrund rasseln und klappern Conga-Trommeln und Timbales. Das ist nicht die leichtfüßige Polyrhythmik, die man mit der kubanischen Musik assoziiert, der *sabor*, die Hitze, die ungezügelte Klang-Entladung.

Das Orquesta Romeu erinnert bei dieser Aufnahme aus dem Jahr 1939 eher an ein Senioren-Kurorchester aus Karlsbad, das zu einem lateinamerikanischen Tanzprogramm aufspielt. „Der *Danzón* mag heute etwas altmodisch und verstaubt wirken", sagt Eduardo Rosillo, „aber er hat seine historischen Verdienste. Er wurde im Jahr 1878 erfunden. Vorher hatten die Sklaven ihre eigene Musik, und die Spanier ebenso. Und die *criollos*, die aus der Verbindung zwischen Schwarzen und Weißen hervorgegangen waren, tanzten die *Contredanza*, die ebenfalls europäischen Ursprungs war." Irgendwann hätten sich die europäischen und afrikanischen Musikelemente vermischt und einen Stil kreiert, der *Danza* genannt und in den Salons getanzt wurde. „Ein sehr schneller Paartanz. In dieser Zeit gab es auf Kuba noch keine Textilindustrie. Die Stoffe, die Mode – alles kam aus Europa. Diese Kleidung war natürlich nicht für die klimatischen Bedingungen auf unserer Insel entworfen. Und bei einem so flotten Tanz kam man ganz schön ins Schwitzen. Aus diesem Grund trat einmal ein englischer Diplomat namens Simpson in Matanzas an den Musiker und Komponisten Miguel Faílde heran und fragte ihn, ob es nicht möglich sei, einen langsameren Rhythmus zu finden, zu dem man sich weniger angestrengt bewegen könne. Faílde gruppierte einige Elemente der *Danza* um, fügte einige neue Arrangement-Elemente hinzu und schuf so den ersten *Danzón*, den er ‚Las alturas de Simpson' nannte – nach dem Anwesen, das sein Auftraggeber bewohnte."

Die Orchester des *Danzón*, sagt Rosillo, nannte man *Orquestas típicas*. Kleine Besetzungen mit Flöte, Klavier, Perkussion. Wenn dann noch Harfen, Violinen dazu kamen, sprach man von *Charangas*. „Man muss bedenken, dass die meisten Tanzveranstaltungen von Leuten organisiert wurden, die nicht besonders viel Geld hatten und sich keine großen Orchester leisten konnten. Die *típicas* waren zu Beginn des 20. Jahrhunderts fast konkurrenzlos. Und der *Danzón* hatte genügend afrikanische Elemente, um die Tänzer in Bewegung zu bringen. Wie die meisten Formen der populären kubanischen Musik wurde auch er zeitweise von den Spaniern verboten. Er galt als ‚Negertanz'. Angeblich trug er den Keim des Aufruhrs in sich. Das kann man sich heute kaum mehr vorstellen."

Eduardo Rosillo spricht und spricht. Ein Füllhorn, eine Enzyklopädie. Im Laufe des Gesprächs wird seine Sprache schneller, seine Bewegungen lebhafter. Rosillo legt den zeremoniellen Moderatorenstil ab wie ein hinderliches Kleidungsstück und beginnt, *muy cubano*, mit Worten zu tanzen. „Der *Danzón*", sagt er, „war keine starre, unbewegliche Musikform. Er schmiegte sich neuen Moden, neuen Zeitläuften an. Fügte seiner Grundstruktur einen Improvisationsteil hinzu, in dem Piano und Flöte ein Freispiel hatten. Aber in den zwanziger Jahren, als die Sextetos und Septetos des Son die Hauptstadt eroberten, da wurde es dann doch eng. Der *Danzón* musste sich noch einmal neu erfinden, um bei der harten Konkurrenz bestehen zu können. Und so rüsteten die Orchesterchefs ihre *Charangas* mit Gesangsstimmen auf und nannten die Musik *Danzonete*. Dieser Stil katapultierte eine Vielzahl von jungen Talenten in die Musikszene. Mittlerweile gab es ja bereits das Radio, und wer sich gut in Szene zu setzen wußte, wurde schnell ein bewunderter Star. Paulina Álvarez zum Beispiel, die sich *La Emperatriz del danzonete* – Die Kaiserin – nannte. Oder Pablo Quevedo, ein Schönling und Frauenliebling. Er hat es in seinem ganzen Leben nicht geschafft, auch nur eine einzige Platte aufzunehmen. Und so wurde er zum Mythos. Niemand weiß, wie seine Stimme wirklich geklungen hat. Quevedo wanderte nach New York aus, kam mit dem kalten Klima dort nicht zurecht und starb an einer Lungenentzündung. Zu seiner Beerdigung kamen Tausende von Menschen."

Guantanamera

Und dann, sagt Rosillo, gab es da noch Joseíto Fernández. „Kennst du ,Guantanamera'? Natürlich, jeder kennt ,Guantanamera'. Aber kennst du auch die Geschichte zu ,Guantanamera'?" Ich verneine. Und Rosillo erzählt: von Joseíto, dem armen Jungen, der 1908 in den Slums von Havanna geboren wurde. Der sich als Zeitungsverkäufer, Schuster und Straßenmusiker durchschlug. Der schon früh wußte, dass er ein „Image" brauchte, wenn er als Sänger aus der großen Zahl begnadeter Stimmen herausstechen wollte. Rosillo holt ein Buch aus einem Regal und zeigt mir ein Bild von Joseíto Fernández: ein Mann mit makellosem weißen Anzug, hellem Sombrero und blank geputzten Schuhen vor einer Phalanx dunkel gekleideter Gitarristen. Ein weißer Ritter des Gesangs, eine Lichtgestalt der Showbühne, ein Don Quijote mit scheuem Blick, der bereit ist, es mit den Kräften des Bösen aufzunehmen. Als 1922 in Havanna das Radio eingeführt wird, beginnt Fernández, so wie die meisten Sänger, die Ochsentour durch die zahlreichen Rundfunkstationen. Singt pro Woche ein paar Minuten live im Studio. Geld gibt es dafür nicht, aber der Bekanntheitsgrad steigt unter Umständen – was im Hinblick auf den Publikumszulauf bei Konzerten nicht zu unterschätzen ist. 1928 beendet Joseíto sein Programm beim Sender CMQ zum ersten Mal mit einem Lied, das er selbst geschrieben hat: „Guajira Guantanamera". Die Komposition ist nur eine Hülle, in die er Woche für Woche neue Worte füllt. Verbale Improvisationen über Sportereignisse, vermischte Meldungen aus der Tagespresse, Gerüchte aus den Kneipen. Die *Guajira* wird immer länger – bis zu 60 aneinander gereihte Verse – und entwickelt sich bald zum beliebten Dialogvehikel mit dem Publikum: Die Hörer beginnen, an CMQ zu schreiben. Machen Vorschläge, welche Themen das nächste Mal in dem Lied vorkommen könnten. Vielleicht die Geschichte vom Busfahrer, der einen Unfall hatte und den Schaden nicht bezahlen kann. Oder die Tragödie von der Frau, deren Haar beim Friseur unter der Trockenhaube Feuer fing, und die jetzt eine Perücke tragen muss. „Guantanamera" ist längst kein einfaches Lied mehr, sondern Lebenshilfe, Rätselecke, Tageschronik und Klatsch-Kolumne – alles getragen und inhaltlich verknüpft von der weichen, modulationsfähigen Stimme des Joseíto Fernández. In der Wirkung ähnlich wie viele Jahrzehnte später der nordamerikanische Rap, der von Journalisten als „schwarzes CNN" bezeichnet wurde – als unzensierte Nachrichtensendung aus den Gettos.

Politik wird allerdings in der „Guantanamera"-Emission klein geschrieben: Man will es sich mit den wechselnden Operettendiktatoren und Statthaltern amerikanischer Interessen schließlich nicht verderben. So hat die Sendung eine unglaubliche Laufzeit von 20 Jahren und hält die ganze Insel in Bann. Irgendwann beginnt Joseíto Fernández zu den Harmonien von „Guantanamera" Verse von José Martí, dem großen kubanischen Poeten und Freiheitskämpfer, zu singen: „Mit den Allerärmsten möchte ich mein Los teilen; nicht das Meer lockt mich, sondern der Wildbach der Berge." Dies wird die dauerhafteste Version des Liedes. Die Fassung, die auch dem amerikanischen Folk-Sänger Pete Seeger zu Gehör kommt. Er ist von der eingängigen Melodie und der sprachlichen Bildkraft der Verse Martís begeistert

Eduardo Rosillo 1997 auf dem Balkon seiner Wohnung in Cayo Hueso, Havanna.

und nimmt „Guantanamera" sofort auf. Über diesen Umweg wird das Lied, das die bergige Landschaft im Osten Kubas feiert, zum globalen Allgemeingut an jedem Lagerfeuer und bei jedem Treffen eines Christlichen Vereins Junger Männer. „Einen Urheberschaftshinweis auf Joseíto Fernández sucht man auf der Seeger-Platte allerdings vergeblich", sagt Eduardo Rosillo. „Er hat nie auch nur einen Peso aus der internationalen Verwertung seiner Komposition erhalten. So ist sein größter musikalischer Triumph zugleich seine größte Niederlage geworden."

Eduardo Rosillo steht auf, geht ans Fenster. Winkt mich heran. Deutet auf einen Innenhof auf der anderen Straßenseite der Calle Vapor und macht mich auf ein Schild an der schräg in den Angeln hängenden Holztüre aufmerksam: *Aqui se construye la casa del son, Eduardo Rosillo*, steht da. – Hier entsteht das Haus des Son von Eduardo Rosillo. Noch ist das Projekt nicht viel mehr als eine Idee, bestenfalls eine Baustelle. Ein paar Zementsäcke stehen herum, eine Reihe von Ziegeln ist ordentlich in einer Ecke gestapelt. „Mir fehlt noch Geld", sagt Rosillo. „Aber ich werde alles daran setzen, um es aufzutreiben. Denn dies ist das letzte große Projekt, das ich in meinem Leben noch vorhabe: einen Ort zu schaffen, wo der Son gepflegt wird, eine Heimat für die beste Musik, die Kuba zu bieten hat."

Rosillo dreht sich nach rechts und zeigt mir ein blau gestrichenes Haus am Ende der Straße: „Dort wohnt Tito Gómez, der berühmte Sänger, der jahrzehntelang mit dem Orquesta Riverside aufgetreten ist. Hier, im Viertel Cayo Hueso, war musikalisch immer viel los. Juan Formell, der Chef von Los Van Van, wurde in diesem Stadtteil geboren. Und ein Stück weiter oben, dort wo die Straßen Infanta und San Lázaro zusammenlaufen, liegt die Kneipe El Cuchillo. Dort sind immer alle Musiker hingegangen, um nach ihrer Sendung bei Radio Progreso noch einen zu trinken. Auch Beny Moré war oft in diesem Lokal. Hat geraucht, gescherzt, mit den Frauen geflirtet. In Cayo Hueso liegt Musik in der Luft. Und ich möchte diese Atmosphäre für die Zukunft bewahren."

Die Salsa

Seine *casa del son*, meint Rosillo, solle ein lebendiges Museum der großen Stimmen der kubanischen Musik werden. Und gleichzeitig ein Bollwerk gegen den Kommerz, die Verwässerung, den Ausverkauf. „Sieh dir an, wer heute in der Musikszene von Havanna regiert: Manolín, Paulito Fernández, NG La Banda, Son Damas – Salsa, Salsa, Salsa! Aber was ist das eigentlich – die Salsa?" Rosillo macht eine Kunstpause, nimmt einen Schluck Tequila, holt tief Atem. „Ich werde es dir sagen: gar nichts." Denn die Salsa bestünde zu 90 Prozent aus dem guten, alten kubanischen Son, angereichert mit ein paar anderen karibischen Musikstilen wie *Plena*, *Merengue* und *Cumbia*.

In Venezuela machte in den sechziger Jahren ein Discjockey namens Phidias ein Radioprogramm, das genau diese Mixtur präsentierte: kubanische Musik, fusioniert mit Jazz, mit Klängen aus Puerto Rico, aus der Dominikanischen Republik. Diese Sendung wurde von einem Unternehmen finanziert, das Konservenprodukte herstellte, unter anderem auch eine Tomatensauce – *salsa de tomate*. Bald begannen die Hörer, das Programm „La hora de Salsa" zu nennen. Phidias stieg darauf ein, indem er die berühmte Son-Komposition „Échale Salsita" von Ignacio Piñeiro als Erkennungsmelodie verwandte. Die Plattenfirmen, die entsprechende Musik herausbrachten, fanden Gefallen an der griffigen Bezeichnung und schrieben so lange „Salsa" auf ihre Produkte, bis sich das Wort als Stilbegriff durchgesetzt hatte. Nur die Musiker selbst waren damit nicht glücklich. Ein kubanischer Journalist hat einmal den großen Trompeter und Orchesterleiter Mario Bauzá gefragt: „Maestro, was halten Sie von der Salsa?" Und Bauzá antwortete: „Die einzige Salsa, die ich kenne, ist die, die man über Spaghetti schüttet."

Der Aufstieg der Salsa zur lateinamerikanischen Musikform par excellence habe damit zu tun, dass viele kubanische Musiker das Land verließen und sich in New York oder Mexiko niederließen. Dort fanden sie vielleicht bessere Musikproduktionsbedingungen vor. Aber sie verloren auch etwas: den *sabor*, dieses schwer definierbare Gefühl, das sich einstellt, wenn man die Musik direkt aus der Quelle schöpft.

Buena Vista Social Club – Lokalaugenschein

Im Erdgeschoss, an der Eingangstür zu Eduardo Rosillos Haus ist ein lautes Pochen zu vernehmen. Rosillo geht in die Küche, holt eine Plastiktüte, die an einer langen Schnur hängt, packt einen großen Schlüssel hinein und lässt den behelfsmäßigen Lastenaufzug an der Fassade hinabgleiten. Zwei Minuten später steht Jorge Pertinaud in der Wohnung, der getreue Sancho Pansa des großen

Don Rosillo. Wir hatten uns am Vortag verabredet. Wollen wie im Wenders-Film gemeinsam den real existierenden Buena Vista Social Club suchen – allerdings mit mehr Erfolg. Die mythologische Quelle, aus der ein musikalischer Welterfolg gesprudelt ist. Das pochende Herz einer verblichenen Musikkultur, die von Legenden, vagen Reminiszenzen und dürren musikwissenschaftlichen Fakten überwuchert ist wie Dornröschens Schloss. Buena Vista ist ein kleines Viertel im Stadtteil Playa, drüben auf der anderen Seite des Rio Almendares – so viel wissen wir. Aber eine Adresse habe er nicht, meint Jorge. Man müsse sich wohl durchfragen. Rosillo wünscht uns noch viel Glück. Und dann tasten wir uns durch das fensterlose, unbeleuchtete Treppenhaus hinunter auf die Straße. „Buena Vista Social Club?" murmelt der Taxifahrer. „Nie gehört." Wir haben uns auf der hinteren Sitzbank niedergelassen, die ausgeleierten Sprungfedern bohren sich ins Gesäß. Unerträglicher Qualm von den Popular-Zigaretten, die der Fahrer in Serie raucht. Doch die abgedunkelten Fenster lassen sich nicht öffnen – die Drehkurbeln fehlen. Wir fahren durch Miramar. Vorbei an den schmucken Botschaftervillen mit ihren schlanken Säulen und Kapitellen, an dem großen Tonstudio, das erst vor kurzem in Betrieb genommen wurde, um die steigende Musiknachfrage zu befriedigen. Als wir uns Playa nähern, werden die Straßen schlechter, die Häuser ärmlicher, das Menschengewühl dichter.

„Der Buena Vista Social Club", sagt Jorge, „war vor der Revolution Versammlungsort einer Vereinigung von Schwarzen. Damals herrschte eine starke Rassentrennung auf Kuba: Die Weißen, die Einfluss und eine gewisse gesellschaftliche Position hatten, versammelten sich in Clubs wie dem Havanna Yachtclub oder dem Vedado Tennisclub. Die Schwarzen, die da nicht hinein durften, gründeten parallel dazu ihre eigenen *sociedades*." Da habe es beispielsweise den Club Atenas gegeben, eine Vereinigung bürgerlicher schwarzer Intellektueller. Und Lokalitäten wie den Club Antilla, Las Aídas und viele andere.

„Der Buena Vista Social Club wurde, wenn ich mich recht erinnere, im Jahr 1931 gegründet und existierte bis weit in die fünfziger Jahre, vielleicht sogar in die sechziger. Aber nach der Revolution änderte sich sowieso alles. Rassismus gab es ja offiziell nicht mehr, und die Schwarzen konnten jetzt auch in die noblen Clubs der Weißen. Damit hatten die *sociedades fraternales* ihre soziale Funktion und ihre Bedeutung verloren." Es habe, meint Jorge, in fast allen Stadtteilen Havannas solche Social Clubs gegeben. Die Orchester, die von der Gunst derjenigen abhingen, die dort zum Tanzen hingingen, widmeten diesen Institutionen eigene Kompositionen. „Für den Cerro zum Beispiel hat Arsenio Rodríguez das Stück ‚El Cerro tiene la llave' geschrieben. Und es gibt auch ein Lied, das ‚Club Social de Marianao' heißt." Der Buena Vista Social Club aber habe sich vor allen anderen dadurch ausgezeichnet, dass dort die besten Musikgruppen der Epoche spielten: das Conjunto von Arsenio Rodríguez, Arcaño y sus Maravillas und die *Charanga* Melodías del 40. „Man nannte sie die großen Drei und verglich sie mit den drei Staatsmännern, die Hitler in die Knie zwangen: Truman, Stalin und Churchill. In dieser Zeit wurden auch die Orchester immer größer. Es gab mehr Bläser, mehr Rhythmus. Der Mambo kam auf, wenig später der *Chachachá*. Das trieb die Tänzer zur Raserei."

Wir haben mittlerweile Playa erreicht, doch unser Fahrer kurvt etwas ziellos und unentschlossen herum. In einem Viertel namens La Lisa sprechen wir die Leute auf der Straße an: Kennt hier jemand einen Buena Vista Social Club? Fragende Gesichter, abwinkende Handbewegungen. „Nie gehört." Wir halten Ausschau nach dunkelhäutigen Personen in vorgerücktem Alter. Den Mambo-Kings aus den vierziger Jahren, die heute an Krücken über die kleinen Märkte humpeln. Unser Taxifahrer steigt aus, macht eine kleine Runde. Zeichnet mit den Händen die Konturen eines imaginären Tanzclubs. Schulterzucken, zweifelnde Blicke. Ist dieser Buena Vista Social Club vielleicht doch nur ein Gerücht? Eine vage Schattenspur aus der Vergangenheit, die erst in der Erinnerung zu einem realen Ort wird? Wir sind schon nahe daran, die Suche aufzugeben. Doch plötzlich hebt sich eine Krücke, deutet energisch in eine bestimmte Richtung. Unser Fahrer kommt zurück, hält den Daumen nach oben: Er habe jetzt eine Adresse. Avenida 31 zwischen der 46. und der 48. Straße. Mit einem hässlich knirschenden Geräusch legt er den ersten Gang ein. Wir fahren durch enge Gassen, wo aus den Hinterhöfen Schweine grunzen und Männer mit tief ins Gesicht gezogenen Hüten Karten spielen. Bis sich die schmalen Gässchen zu einer breiten und weitläufigen Avenida öffnen. Das Haus mit der Nummer 4610 sieht aus wie alle anderen: mittelgroß, einstöckig, weißer Anstrich, ein kleiner Vorhof, in dem karge Vegetation vor sich hin kümmert. Keine Säulen, keine Ornamente, keine architektonischen Chiffren, die auf eine glorreiche Vergangenheit hindeuten. Ein kleines Mädchen in Schuluniform versucht, sich an uns vorbeizudrücken, um schnell ins Haus zu huschen. Wir halten es auf: Ob sich drinnen jemand befände, der uns über die Geschichte dieses Ortes aufklären könne? Nur ihre Großmutter, sagt das Mädchen. Aber die rede nicht mit Fremden. Mittlerweile ist eine zarte alte Dame mit schlohweißem Krauskopf zur Türe geschlurft und hält abwehrend die Hände hoch. Buena Vista Social Club? Nein, davon wisse sie nichts. Aber es sei besser, wenn wir jetzt gehen würden. Wir stehen immer noch in dem kleinen Vorhof, von der Sonne geblendet. Die Eingangshalle des Hauses ist dunkel, alle Fensterläden sind geschlossen. Plötzlich bemerke ich, wie Jorge Pertinaud erstarrt. Ich folge seinem Blick: Ganz hinten im Raum ist eine schemenhafte weiße Gestalt zu sehen. Vage konturiert, regungslos, fast wie eine Geistererscheinung. „Das ist ein *Abakuá*", flüstert Jorge. „Laß uns von hier verschwinden." Ich rufe blitzschnell die Erinnerungsdaten in meinem Gedächtnis ab: *Abakuá*, die schwarze Geheimgesellschaft, deren Mitglieder vor allem im Hafen von Havanna arbeiten. Männlichkeitsfetischisten, die sich nie nackt vor einer Frau zeigen. Raufbolde, denen die Messer locker im Ärmel sitzen und die immer wieder durch Fememorde ins Gerede kommen. „Die *Abakuá* lassen die Geister ihrer Toten auferstehen", murmelt Jorge. „Sie können mit ihrem Tanz die Seelen aus dem Jenseits rufen und Unglück bringen." Die weiße Gestalt steht jetzt in der Mitte des Raumes. Ein verirrter Sonnenstrahl lässt die Klinge einer Machete im Dunkel aufblitzen. Fragmente aus den Teufelskulten der *Abakuá* fallen mir ein und drehen sich wirbelnd in meinem Kopf wie in einem Teilchenbeschleuniger: das Zwillingspaar Aberisun und Aberinan, das Opfertiere schlachtet, der Geist Isué, der gerne als katholischer Bischof erscheint. Und mir fällt die Geschichte von Chano Pozo ein. Dem berühmten Conga-Spieler, der mit Dizzy Gillespie den afrokubanischen Jazz erfand: Pozo wurde in New York auf der Straße unter nie geklärten Umständen erschossen.

Aber bald zirkulierte das Gerücht, dass ihn einer seiner *nañigos*, der Brüder aus der *Abakuá*-Gemeinde tötete, weil er in einem Konzert einen rituellen Trommelschlag verwendet hatte.

„Komm jetzt", sagt Jorge und zerrt an meinem Ärmel. Auch der Taxifahrer ist bleich geworden. Die alte Frau mit den weißen Haaren steht immer noch in der Eingangstür: *Que se vayan, que se vayan,* wiederholt sie mit hoher, greinender Stimme wie ein Mantra. – Verschwindet! Verlaßt diesen Ort! Kommt nie zurück! Beim Weggehen versuche ich noch, einen Blick auf den großen Hof hinter dem Haus zu erhaschen. Eine alte, ramponierte Bar aus Holz ist da zu sehen, ein paar welke Zierpalmen. Vermutlich ist dort seit vielen Jahrzehnten nichts mehr los. Könnte es sein, dass Arcaño hier seinen Mambo gespielt hat? Und Arsenio Rodríguez, der blinde Magier, die Teufelchen zum Tanzen brachte? Im Inneren des Hauses sind jetzt Trommelschläge zu hören, unterbrochen von spitzen Schreien.

Wir steigen ins Auto, machen kehrt, fahren zurück in die Stadt. Haben wir den Buena Vista Social Club gesehen? Oder nur eine weitere Projektion des Imaginären, wie sie einem in Kuba auf Schritt und Tritt begegnen?

ZIELLOS TREIBE ICH WIE RAUCH
Ibrahim Ferrer und die Kunst des Bolero

Das Haus von Ibrahim

Ibrahim ist umgezogen. Jahrzehntelang hat er im Stadtteil Los Sitios, in der Nähe von Havannas Altstadt, gelebt. Mitten im Menschengewühl, Gehupe und Gestank eines klassischen Arbeiterviertels. Doch seit die Tantiemen von der *Buena Vista Social Club*-CD fließen und die Konzerttourneen durch Europa und die USA reichlich Geld in die Brieftasche schwemmen, kann er sich seine Wohngegend selbst aussuchen.

Ibrahim Ferrer hat sich ein Haus gekauft. In der Nähe der Plaza de la Revolución mit ihren abscheulichen Regierungsbunkern aus der Batista-Zeit und dem Obelisken für den Nationaldichter José Martí. Das heißt: gekauft ist nicht ganz der richtige Ausdruck. Da der Erwerb von Privatbesitz immer noch zu den Tabus im tropischen Sozialismus zählt, wird statt dessen getauscht, wenn jemand den Drang verspürt, seine Lebensverhältnisse zu verbessern. Eine Handvoll Dollar und ein paar Naturalien – Schweine, Hühner – gleichen die Wertdifferenz zwischen zwei Häusern aus. Und dann kann gleich mit dem Umzug begonnen werden.

Das neue Domizil von Ibrahim Ferrer liegt ein wenig abseits, in einem Netzwerk von Nebenstraßen, die von der Stadtverwaltung ganz offensichtlich nicht als wesentliche Verkehrsadern eingeschätzt werden. Der Asphalt ist an vielen Stellen aufgerissen, Holzbarrikaden wurden errichtet, Erdhaufen aufgetürmt. Doch am Rostbefall der Schaufeln, die herumliegen, lässt sich ablesen, dass hier eine Arbeit halbherzig begonnen und dann einfach ruhen gelassen wurde. Die notorische Schwäche der Kubaner, eine Sache nicht zu Ende zu bringen, verbunden mit einer bescheidenen Arbeitsmoral und mangelnder Finanzkraft. Die Regierung habe jedem Bewohner von Havanna sein persönliches Schlagloch zugedacht, hat jemand einmal scherzhaft gesagt. Das wären dann zweieinhalb Millionen. Eine Zahl, die durchaus plausibel erscheint.

Ibrahims Haus sieht nicht aus wie das Zuhause eines Plattenmillionärs. Ein schlichtes, einstöckiges Gebäude mit blätterndem Farbanstrich und vorgebauter Veranda, das sich unauffällig in das architektonische Ensemble des Viertels eingliedert. Die Straßenlaterne schwankt in der abendlichen Brise, funkt Lichtsignale auf die Fassade. Um einen Tisch vor der Eingangstür haben sich vier ältere Männer versammelt. Voll konzentriert auf ein Dominospiel. Schweigsam, reglos. Nur ab und zu regt sich eine Hand, um einen Stein zu bewegen. Ein Bild von zeitloser Selbstgenügsamkeit. Wie aus einem Foto aus den vierziger Jahren herausgeschnitten und in die Gegenwart kopiert. „Ist Ibrahim zu Hause?" frage ich. Da dreht er sich um, Ibrahim, der mit dem Rücken zur Straße gesessen hat. Bruder Leichtfuß mit den ewig schalkhaften Augen. Der Mann, den sie *el negro* nennen, den Schwarzen. „Komm rein," sagt er. „Meine Frau und mein Sohn kümmern sich um dich. Ich muss noch das Spiel zu Ende machen." Und er wendet sich wieder der Gruppe zu. So selbstverständlich, als ob hier sein Lebensmittelpunkt, seine existenzielle Verankerung sei. Zwischendurch mal

Ibrahim Ferrer 1999 in Havanna.

kurz aufgestanden, Weltkarriere gemacht, Dutzende von Ländern bereist, und dann wieder zurückgekehrt zum unterbrochenen Spiel.

Cachín, Ibrahims Frau, bittet mich ins Haus. Trotz vorgerückten Lebensalters und ausladender Körperformen trägt sie Stretch-Leggings – so wie die vielen jungen Kubanerinnen, die durch die Straßen ziehen. „Lass ihn", sagt sie. „Solange er spielt, ist er zu nichts zu gebrauchen." Cachín heißt eigentlich Caridad. Eine strenge Hausherrin mit herbem Charme, die ihren Ibrahim sehr diskret in die Richtung manövriert, wo sie ihn haben will. Die Beziehung der beiden hat sich in den vielen Jahren Armut und Erfolglosigkeit bewährt – eine Lappalie wie ein völlig unvorhersehbarer Erfolg von globalen Dimensionen kann sie nicht gefährden.

Bei Ibrahim ist *full house* – so wie fast jeden Abend. Brüder und Söhne, Onkel und Enkel, Nichten und Neffen drängen sich in den beiden großen Räumen im Erdgeschoss. Aus dem CD-Player dröhnt „Marieta", das rhythmische Glanzstück von Ibrahims Soloalbum. Zwei kleine Mädchen und ein Junge haben ein Mikrofon in die Anlage gestöpselt und singen mit. Eine Mini-Playback-Show auf kubanisch. *A mi me gusta que baile Marieta,* singt der Chor. – Mir gefällt es, wenn Marieta tanzt. Der Junge versucht, seine jugendliche Bewegungslust herunterzubremsen und den Gesten und Tanzschritten eine steife Greiseneleganz zu verleihen. Und die Mädchen lassen ein wenig unbeholfen die Hüften kreisen. So wie Marieta, mit der jeder tanzen möchte. Die in einem Bett einschläft und in einem anderen aufwacht. Für die das Leben ein großes Fest ist und die noch nie ein Glas Rum ungeleert hat stehen lassen. Eines der Mädchen kräht den Refrain immer einen Sekundenbruchteil zu spät. Das gibt Ärger, Geraufe, wütendes Gekreische, Kopfnüsse. Bis schließlich Ibrahim persönlich herein- eilt, um der Sache ein Ende zu machen. „Marieta" wird abgedreht, statt dessen erklingt jetzt der Bolero „Herido de Sombras". Zitternde Treble-Gitarre von Ry Cooder, ein opulent gewebter Streicherteppich, die Chorstim- men eines Frauengesangsquartetts. Und darüber Ibra- him Ferrers Stimme – ein wenig belegt, als ob sich im Lauf der Jahre darauf Staubpartikel abgelagert hätten:

Herido de sombras por tu ausencia estoy – von Schat- ten umfangen bin ich ohne dich. Nur das Zwielicht be- gleitet mich noch, jetzt da unsere Liebe zerstört ist. Ibra- him geht das große Melodrama gelassen an. Er singt makellos, aber auch kühl und distanziert. Fast wie ein Beobachter vom Nebentisch. Das ist nicht die Gefühls- entladung des *Filin*, das voluminöse Pathos einer Elena Burke mit doppelt gerolltem Zungen-R. Ibrahims neu- sachlicher Bolero-Stil erinnert eher an die große Zeit von Frank Sinatra in den fünfziger Jahren, als er, in die wei- chen Arrangements von Nelson Riddle gebettet, mit un- nachahmlicher Lakonik die nachtschweren Stunden vor dem Morgengrauen und die Einsamkeit als *condition humaine* besang.

Ibrahim hat sich jetzt vor den Plattenspieler gesetzt, scheucht die immer noch lärmenden Kinder mit einer wütenden Handbewegung weg. Er ist fasziniert und be- zaubert von seiner eigenen Stimme. Dirigiert mit einem imaginären Taktstock die zarten Wellenbewegungen des Streichorchesters. „Weißt du", sagt er lächelnd, „es ist Ironie der kubanischen Musikgeschichte, dass ich mit über 70 Jahren als Bolerosänger groß herausgekommen bin. Mir haben die langsamen Lieder immer schon gefallen. Aber man ließ sie mich nicht singen. Der Orchesterdirektor von Los Bocucos, in dem ich viele Jahre gesungen habe, sagte immer: ‚Ibrahim, deine Stimme ist gut für schnelle Tanznummern. Für Son, *Guaracha, Chachachá*. Die Boleros solltest du besser anderen überlassen.‘" In dieser Zeit sei er schon ein wenig müde und frustriert gewesen: „Mehr als 40 Jahre auf Tournee, in Plattenstudios, in Cabarets, Nachtclubs, Varietés. Und nie der große Durchbruch. Ich hatte genug, wollte mich gemeinsam mit Cachín aufs Altenteil zurückziehen. Und dann kam eines Tages ganz aufgeregt Juan de Marcos González von der Gruppe Sierra Maestra bei mir zu Hause vorbei. Er brauche sofort einen Sänger für die Aufnahme einer Platte mit dem Titel *Buena Vista Social Club*. Ich konnte mir nicht einmal mehr die Hände waschen. Als ich im Egrem ankam, sang ich ein paar Takte von ‚Dos Gardenias‘ vor mich hin. Nur um die Stimmbänder ein wenig in Bewegung zu bringen. Und schon lief das Tonband."

Ibrahim schmunzelt und schüttelt den Kopf. Er kann es auch heute noch kaum fassen, wie leicht und unangestrengt er sich, nach den Jahren des alltäglichen Nichts aus dem Mikrokosmos der kubanischen Musik hinauskatapultiert hat. „Dass ich jetzt als großer Romantiker gefeiert werde, ist für mich selbst eine Überraschung. Ich war mir gar nicht sicher, dass so etwas in mir steckt. Aber als Omara und ich für meine Soloplatte ‚Silencio‘ aufnahmen, da habe ich die Kraft des Bolero gespürt. Wir mussten beide weinen, weil wir unser ganzes Herz in dieses Lied gesteckt hatten." Ibrahim deutet auf den schwarzen Stock, den er immer mit sich herumträgt:

„Den habe ich von meiner Mutter. Sie gab ihn mir, als ich zwölf Jahre alt war, kurz bevor sie starb. Er stellt den heiligen Lazarus dar, und er hat mich mein ganzes Leben lang begleitet. Die Götter bedeuten mir nicht allzu viel, aber dieser Stock hat mir immer Glück gebracht und dafür gesorgt, dass sich am Ende alles zum Guten wendete."

Den späten Triumph des Glücks soll man auch sehen. Ibrahim hat die Trophäen der drei Buena Vista-Jahre sorgfältig an den Wänden seines Wohnzimmers dekoriert: eine Goldene Schallplatte für 25 000 verkaufte Exemplare in der Schweiz, noch einmal Gold für eine halbe Million in den USA, Platin für 50 000 Stück in Holland. Und auf einer Vitrine stehen neben beleuchteten Plastikmadonnen und Postkartenmotiven mit exotischen Frauen vor tropischen Landschaften Pokale, Auszeichnungen und eine Urkunde über die amerikanische Grammy-Auszeichnung von 1998. „Buena Vista hat die Stimmung gegenüber der traditionellen Musik Kubas komplett verändert. Das sind ja alte, fast schon historische Klänge aus einer anderen Zeit, aus den sechziger, fünfziger, vierziger Jahren. Die Jugend hat längst keinen Bolero mehr gesungen, keine *Guaracha*, keinen Son. Die Musik hat geschlafen, aber jetzt ist sie wieder aufgewacht. Wir singen in unserer Sprache, die viele nicht sprechen, und trotzdem lässt sich das ganz leicht übersetzen. Es ist die Sprache eines universellen Gefühls. ‚Silencio' – da weinen auch Leute, die die Worte nicht verstehen." Jetzt, meint Ibrahim, gebe es nur noch ein großes Ziel: „Ich muss diesen Ricky Martin wegpusten. Meine Kinder, meine Enkel – alle hören sie seine Platten. Aber meine Stimme ist heute so stark und selbstbewußt wie nie zuvor. Ich kann es mit jedem aufnehmen." „Hast du auch so viele Groupies wie Ricky?" frage ich. „Drängeln sich die Mädchen nach dem Konzert in deiner Garderobe?" Ibrahim zögert ein wenig, schiebt seine Mütze nach hinten und legt die Augenwinkel in Falten. Cachín sieht streng aus der Küche herüber. „Ach, weißt du. Ich habe meine Frau, meine Kinder, meine Enkel. Ich bin rundum glücklich. Wer braucht schon Groupies?"

Auf Tournee mit Pacho Alonso

Ibrahim ist, so wie Compay Segundo, ein *santiaguero*, den es nach Havanna verschlagen hat. Nicht direkt aus Santiago de Cuba, aber aus dem nahe gelegenen Ort San Luís. „Ich wurde 1927 bei einem Tanzfest geboren", sagt er. „Ich hatte von Anfang an Musik im Blut." Nach dem Tod seiner Mutter musste er die Schule verlassen und schlug sich als Mango- und Erdnussverkäufer sowie als Zeitungsausträger durch. Später dann, als Halbwüchsiger, arbeitete er im Hafen von Santiago als Dockarbeiter, Tischler, Klempner. Er machte alles, was eben so anfiel. Aber die Musik war in ihm, war mit ihm. An eine Karriere als Sänger wagte Ibrahim allerdings nicht einmal zu denken. Er ließ jedoch keine Gelegenheit aus, bei Musikgruppen und Tanzorchestern mitzusingen. 1945 trat er mit der Band seines Cousins bei einem Silvesterkonzert auf: „Ich verdiente 1 Peso 50 und fühlte mich wie ein Millionär." Beinahe unmerklich wurde er vom Amateur zum professionellen Musiker. Die Zahl der Auftritte wuchs, die Brotjobs wurden langsam abgebaut. In Kubas Osten sang Ibrahim mit jeder Gruppe, die eine kräftige, improvisationsfreudige Stimme suchte: Jóvenes del Son, Conjunto de Wilson, Jóvenes Unidos. Und dann kamen schon die großen Nummern: das in den fünfziger Jahren berühmte Orchester Chepín-Chovén von Electo Rosell, die Banda Gigante von Beny Moré. Am längsten hielt es Ibrahim Ferrer mit dem Conjunto Pacho Alonso y sus Bocucos aus: mit Unterbrechungen mehr als 30 Jahre. Das Ensemble war schon in den fünfziger Jahren aktiv. Aber so richtig in Schwung kam es erst nach dem Triumph der Revolution. Damals begannen die meisten Orchesterchefs, bekannte Elemente der kubanischen Musik durcheinander zu würfeln und neu zu kombinieren. Man suchte das Andere, den ganz speziellen Geschmack, der dem eigenen Ensemble eine klar definierte Identität sicherte. Rhythmen wie *Mozambique*, *Pàcá*, *Wa-wa*, *Coyunte*, *Chiquichaca* kamen kurzzeitig in Mode. Auch Pacho Alonso hatte einen Einfall, der sich vergolden ließ: Er kreierte einen *Ritmo Pilón*, der, so die Fama, den Bewegungen der Reisenden in dem ruckelnden Zug ins kleine Küstenstädtchen Pilón am Fuße der Sierra Maestra nachempfunden war. Mit diesem Hit im Gepäck ließ sich jahrelang durch die Städte und über die Dörfer der Insel ziehen. Und bald auch ins befreundete sozialistische Ausland oder zu Veranstaltungen der Kommunistischen Parteien Europas. Ein Auftritt bei der Fête de l'Humanité in Paris, eine kleine Tournee durch die baltischen Staaten. Irgendwann einmal stand Ibrahim auch auf dem Roten Platz in Moskau. Mitten in einem Schneegestöber – was für ihn eine neue klimatische Erfahrung bedeutete: In Kuba wird es selten unter 15 Grad Celsius. Eines Abends spielten die Bocucos im Leningrad-Theater vor einer aschgrauen Riege sowjetischer Parteibonzen. „Nach dem Konzert lud uns Chruschtschow noch zum Essen ein", erzählt Ibrahim. „Ich durfte neben ihm sitzen. Er sprach mich an, fragte: ‚Was denken Sie über die augenblickliche Situation auf Kuba?' Wir waren seit drei Monaten auf Tournee, und ich hatte nicht die geringste Ahnung, was dort gerade vor sich ging. Chruschtschow sah mich mit einem ironischen Blick an und sagte: ‚Stellen Sie sich vor, Sie hätten einen Igel in der Hand. Was würden Sie tun?' ‚Ich würde ihn fallen lassen', antwortete ich etwas unsicher. ‚Nun, mit Kuba ist es das Gleiche', meinte er. ‚Man kann es einfach nicht packen.' Ich verstand kein Wort. Am nächsten Tag erfuhr die ganze Welt von der nuklearen Bedrohung der USA durch die auf Kuba stationierten Atomraketen. Die Kuba-Krise, eine der gefährlichsten Episoden des Kalten Krieges. Und wir hatten überhaupt nichts davon mitbekommen!"

Ibrahim Ferrer legt eine CD seines längst verstorbenen ehemaligen Chefs Pacho Alonso ein: „Que me digan feo" – ein swingender, jazziger Rhythmus mit knackigen Big Band-Bläsersätzen. Und Pacho Alonso singt mit seiner geschmeidigen Entertainerstimme: „Das Fest ist nicht für hässliche Leute. Tut mir leid, mein Freund, du kannst hier nicht rein!" *No puedes pasar aqui, amigo!*

Beny Moré

„Pacho Alonso war gut", sagt Ibrahim. „Aber Beny Moré war noch besser. Was heißt besser, einfach der Allerbeste." Seine Zeit mit Beny war nicht sehr lang. Aber sie habe ihn alles gelehrt, was er über Musik wissen musste. „Wir spielten im El Sierra in Varadero und im Cabaret Parisien im Hotel Nacional. Eine tolle Show, mit Tänzerinnen, Artisten, Zauberern, Feuerschluckern. Aber das ist lange her, vergessen. Es gab ein einziges Foto, auf dem ich gemeinsam mit Beny zu sehen war. Eine französische Journalistin, die mal hier war, hat es sich ausgeliehen. Und nie wieder zurückgebracht. Ein Jammer." „Woran ist Beny eigentlich 1963 gestorben?" frage ich. „*Chico,* ich weiß es beim besten

Beny Moré in den späten fünfziger Jahren.

Willen nicht. Ich habe es bis zum heutigen Tag nicht herausgefunden." „Waren vielleicht Drogen im Spiel?" „Sicher nicht. Die einzige Droge, die er nahm, war *Saoco,* ein Cocktail aus Zucker, Kokosnuss und Rum. Davon haben wir drei Liter pro Nacht getrunken. Aber sonst war er ganz sauber."

Wenn die Rede auf Beny Moré kommt, dann kriegen die Gespräche auf Kuba einen feierlichen, gedämpften Unterton. Als ob der Geist des Meisters noch immer unter den Musikern weile und seine geheiligte Aura über den Trivialitäten des Alltags strahle. Moré ist die unumstrittene Nummer eins aller Zeiten auf Kuba. Keine Restaurant-Band kommt ohne Hommage an Beny aus. Keine Varieté-Show verzichtet auf einen oder mehrere seiner unzähligen Gassenhauer. Auch Ibrahim Ferrer hat für seine Soloplatte ein Moré-Stück aufgenommen: „Qué bueno baila usted", das Titelthema, mit dem jede Show eröffnet wurde. Für das Bläserarrangement konnte Géneroso Jiménez gewonnen werden, der *areglista*, der schon für die klassische Big Band von Beny Moré Partituren geschrieben hat und mittlerweile über 80 Jahre alt ist. „Als Géneroso mit den Original-Notenblättern der Banda Gigante das Studio betrat", hatte Nick Gold mir ein paar Tage zuvor erzählt, „herrschte absolute Stille. Das ist ungewöhnlich. Denn auf Kuba wird auch während der Aufnahmen immer geredet, gelärmt, gescherzt. Aber mit Géneroso schien der Geist von Beny Moré Einzug zu halten. Wir fühlten uns wie in einer Kirche."

Die Geschichte von Beny Moré, der *el bárbaro del ritmo*, der Rhythmusteufel, genannt wurde, ist die Verdichtung des Glanzes der kubanischen Musik in einer Stimme, einem Leben, einem kreativen Zeitraum, der kaum 20 Jahre umfasste. Geboren wurde er 1919 als Bartolomé Maximiliano Moré in Santa Isabel de las Lajas in der Provinz Cienfuegos als ältestes von 18 Kindern. Ein Mulatte aus bescheidenen Verhältnissen, neugierig, abenteuerlustig. Mehr als einmal musste seine Mutter Virginia den Zehnjährigen nach Mitternacht in Kneipen suchen, wo er sich barfuß auf einem Tisch vor den Gästen produzierte und improvisierte Gesangsstrophen zum Besten gab. Einer von Bartolomés Vorfahren war Ta Ramón Gundo Moré, der erste König der Congos nach der Befreiung von der Sklaverei. In den Cabildos lernte der Junge die *Yuka*- und die *Bembé*-Trommeln zu spielen, die afrikanischen Rhythmen zu fühlen und zu verstehen. Und ganz selbstverständlich fielen ihm der Son, die *Gua-*

racha, die Rumba zu. Schon als Halbwüchsiger war Bartolomé ein vollkommener Musiker, dessen Stimmvolumen und Leichtigkeit im Wechseln der Timbres und Tonlagen allgemeine Bewunderung hervorrief. Aber in der Provinz war damit nicht viel zu gewinnen. Und die vielköpfige Familie wollte versorgt werden. Der steinige Feldweg zum Ruhm blieb auch ihm, wie so vielen anderen kubanischen Musikern, nicht erspart: Nach der vierten Klasse quittierte er den Unterricht, arbeitete als Schubkarrenfahrer in einer Zuckermühle. Einmal riss er aus und ging nach Havanna; doch seine Zeit war noch nicht gekommen. Statt als Sänger zu arbeiten, verkaufte er sechs Monate lang Früchte. Dann kehrte er enttäuscht nach Camagüey zurück, wo sich seine Familie mittlerweile angesiedelt hatte. Doch Bartolomés Wille war durch den Misserfolg nicht zu brechen. Ein Jahr später versuchte er es ein zweites Mal in Havanna, stromerte mit zerrissenen Hosen und einer Gitarre durch das Hafenviertel der Stadt. Sang im Stil der alten *trovadores*, gründete Musikgruppen, löste sie wieder auf. Bis er eines Tages auf Siro Rodríguez vom Trio Matamoros traf, der sich von den stimmlichen Möglichkeiten des jungen Mannes beeindruckt zeigte. Einmal durfte Bartolomé den indisponierten König des Son, Miguel Matamoros, am Mikrofon vertreten, bestand die Feuerprobe mit Bravour und wurde festes Mitglied der Gruppe. Von nun an gings bergauf: Schallplattenaufnahmen, Tourneen durch Mexiko, Mädchen am Bühnenaufgang, die auf den jungen Sänger mit dem Menjou-Bärtchen warteten, während sich die reiferen Herren der Matamoros-Gruppe lieber mit einer guten Flasche zurückzogen. Ein angenehmes Leben. Aber Bartolomé wollte mehr: In seinem

Kopf mischten sich die afrikanischen Trommeln von Ta Ramón mit den sehnsüchtigen Melodien des Bolero, die erotische Körperlichkeit des *Guaguancó* mit den Stakkato-Bläsersätzen der nordamerikanischen Big Bands. Er versuchte, diese vagen Phantasien in die Wirklichkeit zu übersetzen. Beschwor die Mitglieder des Ensembles, neue Arrangements zu wagen, ungewöhnliche Stilmischungen auszuprobieren. Doch der alte Miguel Matamoros gab die Zügel nicht aus der Hand. Und so war Bartolomé Moré gezwungen, die Gruppe zu verlassen. Auf dem Weg ins neue Leben beherzigte er allerdings noch einen Rat seines Ex-Chefs und änderte seinen Vornamen in Beny. Er blieb in Mexiko und feierte beachtliche Erfolge als Solist.

Doch die Funken seines überragenden Genies blitzten erst, als er sich mit ‚Damaso' Pérez Prado zusammentat. Dem Mann, der den Mambo zu weltweiter Popularität hochgejazzt hatte. Was Ende der dreißiger Jahre im Orchester Arcaño y sus Maravillas als relativ zahme, synkopierte Variation des alten *Danzón* begonnen hatte, war mittlerweile ein wilder, ungezügelter Großstadt-Sound geworden, der den Tänzern einheizen sollte, bis die Schuhsohlen brannten. Und Pérez Prado nutzte jeden Trick, der verfügbar war, um die Musik so kompakt wie möglich zu machen. Ein Rhythmus entstand, der nur ein Ziel und eine Zweckbestimmung hatte: gnadenlos nach vorne zu drängen und alle mitzuschleifen auf einer Karussellfahrt des Irrsinns. Dazwischen einzelne Schläge der Timbales, die wie Peitschenhiebe knallten und den Ekstasepegel weiter hochtrieben. Pérez Prado ließ die Saxophone und Trompeten kontrapunktisch gegeneinander antreten: Teile des Bläsersatzes verstärkten mit endlos wiederholten Riffs die Rhythmusgruppe, andere formierten sich zu einem exaltiert trötenden Chor von Alarmsirenen. Und immer wieder die Stimme des Bandleaders, der mit gutturalen Schreien wie ein Kutscher das außer Kontrolle geratene Gefährt auf Kurs zu halten versuchte. Der Mambo von Pérez Prado klang wie ein latinifiziertes Dacapo des berühmten *Jungle Sound* der Duke Ellington Band aus den zwanziger Jahren – aber mit Hall- und Echoeffekten und einer am Limit agierenden kubanischen Perkussionsmaschinerie zur dritten Potenz erhoben. Eine seltsame Mischung aus raffiniert kalkulierter Klang-Ökonomie und dem Willen zur Entfesselung. Die Idee der Fiesta, wie sie Octavio Paz formuliert hat – als menschliche Grenzerfahrung, von Blitzen des Wahnsinns durchzuckt –, wurde als klangliche Metapher wiedergeboren. Und wenn Pérez Prado selbst am Klavier die Hauptrolle übernahm, atonale Cluster hämmerte und mächtige Blockakkorde stemmte, dann explodierte das musikalische Raum-Zeit-Kontinuum und zerstäubte in einem Partikelregen aus Geräuschen, Klangfarben und undomestizierten Trommelsalven.

Als sensibler Bolero-Interpret konnte sich Beny Moré in diesem Hexenkessel nicht profilieren, sehr wohl aber als Hohepriester eines pseudo-afrikanischen Trance-Rituals. Die Melodie war ihm bald nur noch Abschussrampe, von der er sich in die Stratosphäre der Improvisation hinaufschießen ließ. Ein Sänger, der sein Organ benutzte wie ein Jazzsolist sein Instrument. Er sei der Mann gewesen, der mit seinen exzentrischen Vokalphrasen die Stimme aus dem rhythmischen Gefängnis befreit habe, schrieb der kubanische Romancier Guillermo Cabrera Infante, ein großer Beny-Fan, in *Drei traurige Tiger*.

Mit Pérez Prado hatte Beny Moré viel Erfolg, absolvierte unzählige Auftritte, trat in Spielfilmen auf. Aber immer noch war es die Vision eines anderen, die er unter Einsatz all seines Talentes und seiner Virtuosität mit Leben erfüllte. Beny spürte instinktiv, dass jetzt, in den Fünfzigern, die Lehr- und Wanderjahre beendet waren, dass es Zeit war, seinem Leben die entscheidende Wende zu geben. Eine Zeit lang pendelte er noch etwas unschlüssig zwischen Mexiko und Kuba hin und her, probierte verschiedene andere Orchester aus. Sein Ziel verlor er dabei nie aus den Augen: eine Band zu gründen, die so groß war wie die von Glenn Miller und über ebenso viele Timbres und Tonalitäten verfügte. 1953 versammelte er einige der besten Musiker Havannas um sich und stellte die erste Version seiner Banda Gigante zusammen, jenes Riesenorchesters aus 23 Mann, mit dem er bis zu seinem Tod seinen Träumen immer wieder neue musikalische Gestalt verlieh. Der verrückte Mambo war immer noch das wichtigste Gewürz, um Benys Musik scharf zu machen. Aber dazu kamen der Son, die Rumba, die Trommeln und Gesänge von Ta Ramón und die Gefühlsexerzitien des Bolero, in denen er ebenfalls unschlagbar war: „Amor sin Fe", „Conocí la paz", „Ahora soy feliz" – alles endgültige Interpretationen, die der lateinamerikanischen Sehnsucht, der Liebe ein Stück wahrhaftiges Leben, ein Stück wahrhaftigen Tod abzutrotzen versuchten, einen Fluchtort boten.

Beny Moré, der nie Noten lesen und schreiben gelernt hatte, klimperte seinen Musikern die melodischen Einfälle am Klavier vor und traktierte sie so lange, bis sie mit ihren Instrumenten zu seinen Ideenflügen aufgeschlossen hatten. Er entwickelte ein eigenes Repertoire von

Tanzschritten und Gesten, mit denen er die Trompeten zum Einsatz befahl, die Perkussion ankurbelte, die Saxophone zum Schweigen verdammte. Er trug gern übergroße Sakkos und Hosen, die er mit Hosenträgern vorm Absturz in die Kniekehle bewahrte, einen breitkrempigen Sombrero, der zu seinem Markenzeichen wurde. Und immer wirbelte er das unvermeidliche Ebenholzstöckchen, das ihm Taktgeber, Peitsche und Zauberstab zugleich war.

Die Banda Gigante mit ihren wechselnden Inkarnationen war eine Sensation. Und Beny Moré wurde zum *Sonero mayor* geadelt, zum größten Sänger der Epoche. Doch als die Ärzte 1958 bei ihm eine schwere Krankheit diagnostizierten – vermutlich einen Hepatitis-Infekt –, gerieten Leben und Karriere aus der Balance. Beny drehte jetzt öfter mal durch. Kam im Pyjama zum Konzert, weil ihn seine Frau aus der Wohnung geworfen hatte. Prügelte sich mit einem venezolanischen Nachtclubbesitzer, weil der ihm einen Teil seiner Gage vorenthalten wollte. Im Teatro América nahm er einmal während eines Auftrittes sein Gebiss heraus und erklärte dem Publikum, das sei notwendig, um besser singen zu können. 1963 war dann alles vorbei.

Die Mafia

Mit Beny Moré starb nicht nur eine unvergleichliche Stimme, ein großer Bohemien, ein wahrhafter Frauenheld und *cubano auténtico*, wie es in einem Nachruf hieß, sondern eine ganze Ära. Die Zeit, als die Mafia die großen Hotels Nacional, Riviera und Capri beherrschte und Havanna als Themenpark für vergnügungssüchtige Amis präparierte. Die Zwielichtzone der korrupten Politiker und kleinen Gangster, in dem das kriminelle Kräftespiel mit großem Orchesterdonner und Varietézauber, mit Tuxedos und kostbaren Abendroben, mit gedämpftem Murmeln am Spieltisch und gekauften Nächten in Satinlaken kaschiert wurde. Zwar gibt es viele der legendären Vergnügungstempel auch heute noch. Und das Tropicana oder der Salón Rosado bemühen sich redlich, das morbide Vergnügen und dekadente Aroma der fünfziger Jahre wiederzubeleben. Doch sie stehen schief in der Gegenwart, asynchron zur Zeit. Was früher verrucht gewirkt haben mag, ist heute nur noch eine angestaubte Theaterinszenierung, ein Museumsspektakel ohne Anschluss an die Kanäle, durch welche die vitalen Energien der Stadt fließen.

„Kennst du eigentlich die Geschichte vom großen Mafia-Treffen 1946 im Hotel Nacional?" fragt Ibrahim mich. Ich verneine. Und er beginnt zu erzählen: Von einer Zusammenkunft, die offiziell nie stattgefunden hat. Über die es keine Polizeiberichte und keine historischen Aufzeichnungen gibt. Von der mit äußerster Diskretion erzählt wurde, bis sie schließlich Legende war. Es ging damals um die Neuaufteilung der Territorien für die illegale Betätigung in den USA. Und praktisch alle Mafia-Familien hatten hochrangige Vertreter nach Havanna entsandt: Lucky Luciano war gekommen, Meyer Lansky, Frank Costello, Santos Traficante, Giuseppe Bonano – insgesamt mehr als 500 „Delegierte". Das schmucke Hotel Nacional de Cuba mit seinen Zwillingstürmen und den Art-déco-Ornamenten wurde hermetisch abgeriegelt. Die ehrenwerte Gesellschaft belegte den gesamten zweiten Stock und lieferte sich erbitterte Redeschlachten und Verhandlungsduelle. Nach Alkoholexzessen und Schüssen durch die Zimmerdecke einigte man sich schließlich irgendwie. „Auch Frank Sinatra war damals in Havanna", sagt Ibrahim und schmunzelt. „Er hat die ganze Nacht gesungen. Bis ihm um sechs Uhr morgens schließlich die Stimme versagte und er zitternd darum bat, endlich aufhören zu dürfen."

„Wie war denn das überhaupt", frage ich, „mit den Musikern und der Mafia?" „Natürlich haben viele von den großen Orchestern in den Mafia-Hotels gespielt: Conjunto Casino, Casino de la Playa, Orquesta Aragón. Das war ihr Reich, ihr Einzugsgebiet. Aber ich kenne keinen einzigen Musiker, der in dunkle Geschäfte verwickelt war. Man spielte, die Hotels zahlten – nicht einmal allzu gut –, und dann ging man nach Hause. Was da sonst noch los war: *quién sabe* – wer weiß?"

Ob Beny auch in den Etablissements der Mafia aufgetreten sei, hake ich nach. „Natürlich, Beny war gefragt. Er hat in allen Top-Varietés gespielt: Tropicana, Sans Souci, auch im Nacional." Ibrahim legt noch einmal seine eigene CD auf und spielt „Como fue" – das Lied von dem Mann, der nicht weiß, wie sich seine Liebe entzündet hat. Waren es ihre Augen oder ihr Mund? Ihre Lippen oder ihre Stimme? Oder nur seine Ungeduld, mit der er ihr Kommen erwartet hat? *No sé decirte como fue* – ich kann dir nicht sagen, wie es passiert ist. „Das war auch eines der Glanzstücke von Beny Moré", sagt Ibrahim. „Ich habe versucht, es ihm von den Lippen abzulesen. Versucht, zu verstehen, wie er das hingekriegt hat. Eine Leichtigkeit und Eleganz des Ausdrucks und trotzdem das Gefühl, dass es um das Ganze geht. Um den Gewinn oder den Verlust des Lebens." Bei Beny sei man immer nur dagestanden – mit offenem Mund und ratlos. „Ich war froh, dass ich mich hinten im Chor verstecken konnte. Nie hätte ich mich direkt am Mikrofon mit ihm messen wollen. Er war einfach zu gut. Aber jetzt, nach all den Jahren, habe ich ‚Como fue' selbst aufnehmen können. Und ich glaube, es hat sich gelohnt." Was denn eigentlich aus dem Bolero in Kuba geworden sei, frage ich Ibrahim. Aus all den großen Orchestern, welche die Stimmen der Sängerinnen und Sänger wie Hermelinmäntel einhüllten. „Die sind alle verschwunden. Niemand kann eine Gruppe, die so groß ist wie Benys Banda Gigante heute noch bezahlen. Dass ich einen Bläsersatz habe und damit auf Welttournee gehe, ist auf Kuba heute fast schon einzigartig. Aber der Bolero war in den vierziger Jahren eine wichtige musikalische Kraft, und er ist es auch heute noch. Er präsentiert sich nur nicht mehr so großartig und luxuriös wie früher." Ich solle doch ins Dos Gardenias in Miramar gehen. Dort sei der beste Bolero zu finden.

Dos Gardenias

Ich rufe Jorge Pertinaud an, der sich in den Tagen davor als kundiger und bereitwilliger Führer durch den Schlaglochdschungel Havannas bewährt hatte. Ob er mich wohl ins Dos Gardenias begleiten würde? *Claro* – kein Problem. Und er würde auch noch eine Freundin mitbringen. Eine Journalistin von der ältesten kubanischen Illustrierten *La Bohemia*. Wir verabreden uns direkt im Lokal, kurz vor Beginn der Show. Das Dos Gardenias befindet sich in einer jener luftigen Villen, die den architek-

Ibrahim Ferrer 1999 beim Jazz Fest Wien.

tonischen Standard des Viertels Miramar bestimmen: Fenster mit Spitzbögen, Säulchen, verschlungenes Gitterwerk. Maurisch-karibischer Phantasiestil. Im Erdgeschoß eine gut sortierte Rum- und Weinhandlung – Zielgruppe sind ganz offensichtlich nicht die Kubaner, die für eine einzige Flasche zwei Jahre sparen müssten. Der Veranstaltungsraum befindet sich im ersten Stock. Dunkelrote Tapisserien, Holzvertäfelungen; an den Wänden überdimensionierte, stilisierte Pianotasten. Und ewig lockt der Nierentisch. Fast glaubt man, dass im nächsten Moment Peter Frankenfeld mit seinem großkarierten Sakko auf die Bühne stürmen wird.

Mittlerweile ist Jorge in Begleitung der Journalistin Annette Cardenas eingetroffen. Ich erzähle beiden von dem Gespräch mit Ibrahim Ferrer. Von den langen Jahren am Rand des Musikgeschäftes, den wenigen Platten, die Ibrahim im Laufe seiner bescheidenen Karriere aufgenommen hat. Jorge wiegt nachdenklich den Kopf: „Ja, Ibrahim ist ein ganz spezieller Fall. Omara Portuondo war hier auf Kuba seit den fünfziger Jahren ein großer Star. Und auch Compay Segundo hatte seine Zeit. Aber Ibrahim war immer ein Mann der zweiten Reihe. Nie hieß es: Ibrahim Ferrer und Chepín-Chovén. Oder Ibrahim Ferrer und Pacho Alonso. Bei Beny Moré war das Popularitätsgefälle natürlich noch größer. Und so kam es, dass Ibrahim 70 Jahre alt wurde und völlig unbekannt blieb. Wir auf Kuba, zumindest die Musikexperten, wussten natürlich immer, dass er ein unglaublicher Sänger war. Aber er bekam nie die Chance, es zu beweisen. Für Ibrahim muss der Buena Vista-Erfolg, der ihn zum größten lebenden Bolero-Sänger gemacht hat, ein absolutes Wunder sein."

Der Beginn der Show verzögert sich noch ein wenig. Im Lokal sind erst drei Tische besetzt. Wie denn die allgemeine Stimmung im Kuba der Gegenwart sei, frage ich die Journalistin Annette. In diesem Land des praktizierten Surrealismus, wo revolutionäre Parolen und die politische Rhetorik vom *hombre nuevo* – dem neuen Menschen, mit aggressiver Prostitution und fieser Geschäftemacherei kollidieren. Wo sich vorrevolutionäre amerikanische Straßenkreuzer, schäbige Ladas, veraltete ungarische Ikarus-Busse und importierte chinesische Fahrräder auf den Straßen zu einem beweglichen Museum der Mobilitätsgeschichte anordnen. Wo verschiedene historische Schichten ineinander fallen und in ihrer verwirrenden Simultaneität ein Gefühl der Ortlosigkeit und der Zeitenrücktheit provozieren. „Im Augenblick ist die Stimmung ein wenig besser als noch vor vier, fünf Jahren", meint Annette. „Damals war der Schwarzmarkt unkontrollierbar geworden. Und Fidel musste den Dollar legalisieren. Daraus ist die fatale Zweiklassengesellschaft der Peso- und Dollarbesitzer entstanden, die das Volk gespalten hat. Aber mittlerweile hat sich die Wirtschaft ein wenig erholt. Man ist nicht mehr nur mit dem Überleben beschäftigt, sondern kann sich auch wieder um andere Dinge kümmern." Es gebe inzwischen drei Generationen, die in der Revolution, mit der Revolution leben würden. „Die Alten, die Batista noch erlebt haben, sind meist auch heute noch loyal. Sie wissen, wie es vorher war. Wie schäbig man die Bauern und die Armen behandelt hat. Wie die Amerikaner das Land in Geiselhaft hielten. Sie haben ein sehr emotionales Verhältnis zu den Werten der Revolution. Die mittlere Generation, der auch ich angehöre, denkt dagegen mehr an die Gegenwart und an die Zukunft. Für sie ist Revolution Bewegung, Entwicklung, Fortschritt. Sie kommt nicht gut klar mit dem Stillstand, der in den Parteigliederungen und in der öffentlichen Rhetorik eingetreten ist." Die Jungen wiederum, sagt Annette, hätten sich zum Großteil von der Politik losgesagt: „Für sie ist die Revolution ein fernes historisches Datum, lange vor ihrer Geburt. Sie wollen keinen Kampf gegen die USA führen, sondern lieber die Konsumgüter haben, die der Kapitalismus produziert. Dazu ist ihnen fast jedes Mittel recht. Sie verkaufen ihre Körper und meist die Seele gleich dazu." Wer denn heute wirklich die Macht auf Kuba habe, frage ich. Ob es immer noch der alte Mann mit dem schütteren Bart sei, der einst von der Sierra niederstieg, um das Land zu befreien. Oder doch eher schon die jüngere Garde um Abel Prieto, Roberto Robaina und Carlos Lage, die sich schon für den Tag danach positioniert habe. „Fidel ist immer noch das Zentrum von allem. Natürlich gibt es in der Partei Widersprüche und Konflikte. Aber all diese Widersprüche kreisen um die Person Castro, die eine gewisse Balance zu garantieren scheint. Es ist seltsam: Es gibt eine Menge Leute, die tausend schlechte Dinge über Fidel sagen, aber wenn es ernst wird, stehen sie doch wieder hinter ihm. Das hat man jetzt auch in der Auseinandersetzung um Elian gesehen. Sicher, ein Großteil der Menschen auf den Straßen war vom Staat mobilisiert worden. Aber auch der Rest der Bevölkerung vertrat die Ansicht, dass man sich diesen Affront nicht gefallen lassen dürfe." Fidel leide am Caudillo-Syndrom, meint Annette. So wie seinerzeit Franco in Spanien oder Salazar in Portugal. „So wie diese Männer glaubt auch Castro, dass er der einzige ist, der die Probleme seines Landes lösen kann. Und er wird immer ungeduldiger, weil er merkt, wie ihm die Zeit davonläuft." Mir fällt ein Zeitungsartikel des exilkubanischen Journalisten Carlos Alberto Montaner ein. Castro würde sich selbst als eine Art Supermacho sehen, heißt es da. Ein Mann, der in einer Mischung aus Liebhaber und Tyrann über das Land herrsche, das er erobert habe. „Und das Schlafzimmer, in dem all dies stattfindet, ist die Rednerbühne", schreibt Montaner. „Vom Pult aus liebt, straft oder zankt Fidel seine Geliebte – das kubanische Volk. Alles hängt davon ab, wie ‚unterwürfig' oder ‚loyal' – traditionell weibliche Tugenden – es gerade war. Zornig oder glücklich: Fidel manipuliert seine Untertanen in einer Art von intimer Promiskuität, wie man sie noch bei keinem politischen Caudillo erlebt hat."

Es gibt kein Bild von Fidel Castro im Dos Gardenias. Auch keine Gipsbüste von José Martí, die in Kubas Vorgärten so zahlreich zu finden sind wie in Deutschland die Gartenzwerge. Statt dessen ist eine ganze Wand des Konzertraumes mit den Porträts der großen Schmelz- und Schmalzsänger dekoriert: Eusebio Delfín, Miguel Matamoros, Barbarito Diez, Joseíto Fernández, Raul Planas. Im Zweifelsfall siegt hier die Liebe immer über die Politik. Die Caudillos und Diktatoren kommen und gehen. Das Gefühl aber, das Gefühl bleibt bestehen. Und der Bolero ist das beste Gefäß, um die Gefühle aufzufangen und ordentlich durchzuschütteln. Geboren wurde der Bolero, wie so viele kubanische Musiken, im östlichen Santiago als rappelige Folklore mit beschränkter Harmonik und bescheidenem Vokabular. Bald schon zog es ihn in andere Regionen des Landes, dann auch ins übrige Lateinamerika. Er absorbierte regionale Charakteristika, musikalische Raffinesse und rhythmische Komplexität. Vielleicht kann man die Entwicklung des Bolero mit der des nordamerikanischen Blues vergleichen. Auch die Musik vom Mississippi begann ja als einfache, ländliche Volkskunst zu akustischer Gitarrenbegleitung. Später eroberte der Blues die Städte, elektrifizierte seinen Sound, baute seine Ensembles zu Big Bands aus und die Auftritte zu Roadshows mit Kostümen und Tanzchoreographien. Und blieb im Kern doch immer jener musikalisch klar definierte Zwölftakter, der sich von jeder anderen Musik der Welt unterscheidet.

„Der traditionelle Bolero", schreibt der kubanische Komponist Rosendo Ruiz Quevedo, „ist ohne jeden Zweifel die erste große Synthese gesungener Musik auf Kuba. Die vollständige Fusion von spanischen und afrokubanischen Elementen, die gleichermaßen in der Begleitstimme der Gitarre auftauchen wie auch in der Melodie." Eine Musik, deren einziger Zweck die Verherrlichung der Liebe sei, die Übertreibung des Gefühls bis zum Delirium. Und der mexikanische Musikschöpfer Agustín Lara, der – so die offizielle Musikgeschichtsschreibung – „dem Bolero den Smoking angezogen hat", meint: „Jeder, der eine romantische Veranlagung hat, besitzt auch ein feines Gespür für den Kitsch. Und diesem Gefühl sollte man vertrauen. Wenn ich vor innerer Spannung vibriere, wenn ich keine andere Möglichkeit sehe, als mein Gefühl in der barocken Sprache des Kitsches zu artikulieren, dann muss ich mich dafür auch nicht schämen. Amen!"

Mittlerweile ist ein wenig Leben ins Dos Gardenias eingekehrt, zwei Drittel der Tische sind besetzt. Auf der kleinen Bühne hat sich ein Trio aufgebaut: Klavier, Gitar-

re, Bongotrommeln. So wie Ibrahim Ferrer gesagt hat:
Die ökonomische Situation erlaubt nur Minimalvarianten des Bolero. Die ersten vollen Piano-Akkorde mit
viel Pedal tasten sich in den Raum hinein, und die Bongos klappern schüchtern hinterher. Eine Moderatorin
und Diseuse im körpernah geschnittenen Fünf-Uhr-Tee-Kostüm schreitet auf die Bühne. Eine reife Dame mit
müden, abgelebten Gesichtszügen, die nicht zu ihrem
breiten, einladenden Lächeln passen wollen. *Qué es el
amor?* ruft sie ins Publikum. – Was ist die Liebe? Und sie
lässt das „r" rollen wie eine Donnersalve. Die Liebe, deklamiert sie, ist Lust nach Vereinigung. Hunger nach Untergang und Tod wie nach Wiedergeburt. Wir verlangen
weder Glück noch Ruhe von ihr, sondern nur einen
Augenblick – einen einzigen Augenblick – pralles Leben.
Einen Moment, in dem die Widersprüche sich auflösen
und Leben und Tod, Zeit und Ewigkeit verschmelzen.
Amorrrrr! – ein letztes Mal. Der Pianist, der im Halbschlaf seine Tongirlanden um das dramatische Epos gewunden hat, ist endlich aufgewacht und donnert einen
pathetischen Schlußakkord. Und jetzt, sagt die Moderatorin, lasst uns sehen, wer alles hier ist. Sie hält das
Mikrofon zu den Tischen hin und fängt die Antworten
ein wie mit einem Schmetterlingsnetz: Mexiko, Venezuela, Kolumbien, Spanien, Italien. *Que bueno!* Der Bolero
ist tatsächlich international. Und fast alle Besucher im
Dos Gardenias weit über 50. Bis auf die zwei, drei jungen
Prostituierten, die sich in den Achselhöhlen ihrer grauhaarigen Galane verstecken. Gefühlskult als Seniorenclub. Auf Kuba muss Ibrahim Ferrer erst noch gewinnen.
Der Bolero ist hier Alltagsgeschäft ohne die romantisch
verklärte transzendentale Aura, die ihm vom erlösungs-

hungrigen europäischen Publikum taxfrei zugeschlagen wird.

Und jetzt, sagt die Moderatorin und legt ein kleines Räuspern ein, *un fuerte aplauso* – einen Riesenapplaus für Roberto Sánchez. Aus der Garderobe kommt ein Mann, Mitte 60, im dunklen Anzug. Vor seinem Auftritt war er kurz an unserem Tisch, hat Jorge begrüßt und seine Visitenkarte dagelassen. Beruf: *bolerista*, also Bolero-Sänger. Ausgestellt ist die Visitenkarte vom Ministerium für Kultur. Das Gefühl hat in Kuba Beamtenstatus.

Roberto Sánchez: ein lateinamerikanischer Draufgänger im Ruhestand. Dunkles volles Haar, das sich gegen die weiße Haut abhebt, schwere Backen, die Kinnlinie vom Alter aufgeweicht. Das Lächeln versucht gegen die hängenden Mundwinkel anzukämpfen, die Arme möchten die Welt umschlingen und scheinen doch eher resignativ abzuwinken. Roberto Sánchez ist wie ein altes Zirkuspferd: Kaum in der Arena, treten seine professionellen Reflexe in Kraft, spielt er routiniert seine Tricks aus, lässt er sich ein auf das tausendfach erprobte Spiel mit dem Publikum. Seine Stimme ist immer noch fest und klar. Aber sie bleibt im Schatten der Konvention, will nichts mehr riskieren. Während Ibrahim Ferrer die letzte Chance nutzte, um all seine Kraft und sein ganzes Herz in den Bolero zu legen und damit über sich hinauswuchs, ist Roberto Sánchez ein Handwerker des Gefühls geblieben. *Quiero decirte algo,* singt er und schwenkt das Mikrofon mit einer rokokohaften Geste. – Ich muss dir etwas sagen. Wir, die es so ernst miteinander gemeint haben. Wir, die aus der Liebe eine wunderbare Sonne gemacht haben, eine göttliche Romanze. Wir, die einander so unendlich begehren. Wir müssen uns trennen. – Mit jedem *nosotros* – wir – zieht Roberto Sánchez die Stimme weiter hoch. Und beim finalen *adiós* lässt er das Vibrato professionell flattern: zwei Sekunden lang, fünf Sekunden, zehn Sekunden. Ein letzter tiefer Atemzug, eine graziöse Verbeugung. Es ist vollbracht. Flacher Applaus, geringe Anteilnahme.

Beim Bolero kann man nicht lügen. Wenn keine Blitze des Wahnsinns zucken, wenn das Delirium nur vorgetäuscht wird wie ein Orgasmus im Bordell, dann wird der Vortrag fade, die Stimmung schal. Der Bolero muss mehr wollen als ein bisschen Frieden, er muss vibrieren vor Liebe und Hass. *Tú eres mi destino* ist einer seiner Schlüsselsätze: Du bist mein Schicksal. Und das ist durchaus existenzialistisch gemeint.

Nach Roberto Sánchez tritt Alberto Martínez auf, ein dunkelhäutiger Sänger, der mehr auf das komplizenhafte Zwinkern mit dem Publikum setzt und die *Mojito*-schlürfende Menge dazu zwingt, den Refrain mitzusingen: *Dos Gardenias para ti* – Zwei Gardenien für dich. Und dann kommt Beatriz Márquez, die dem Ganzen einen Kick in Richtung *Filin* gibt: kristalline Dominantsept-Akkorde, spitz nachhallende Klaviertöne. Beatriz Márquez ist eine Meisterin des *rubateando*, der Beschleunigung und Verlangsamung im Ebbe- und Flut-Rhythmus der dramatischen Verlaufskurve eines Liedes. Aber das Dos Gardenias ist heute definitiv nicht das Haus der Liebe. Der Lärmpegel steigt, wird zu einem Störsender, der die Darbietungen in den Hintergrund drängt. „Laß uns gehen", meint Jorge. „Der Bolero ist immer Glückssache. Manchmal schlägt er ein, wie ein gut gelungener Wurf beim Baseballspiel. Und manchmal geht er ins Aus." Wir spazieren noch ein wenig über die

Quinta Avenida. Annette verabschiedet sich. Sie müsse noch einen Artikel fertig stellen. 80 Stunden Arbeit pro Woche für 200 Pesos Gehalt. Damit wäre sie gerade mal ins Dos Gardenias hineingekommen, Getränk nicht inbegriffen.

„Hier in Miramar", sagt Jorge, „waren die großen, eleganten Clubs der Weißen. Als kleines Kind, knapp vor der Revolution, stand ich immer vor den Läden und drückte mir die Nase an den Scheiben platt. Aber es gab gar nicht so viel zu sehen, denn die *blancos* – die Weißen konnten überhaupt nicht tanzen. Für die Leute, die mit dem Son nicht zurechtkamen, wurde ein eigener Stil kreiert: *el baile de Casino* – der Casino-Tanz. Für uns Mulatten war das eine minderwertige Sache. Die Tänzer aus dem Tropicana nannten den Tanz *blanquito* – ein verächtlicher Ausdruck, so wie umgekehrt *negrito*. Der Casino-Stil war stark formalisiert, bot wenig Möglichkeiten für Variationen und individuellen Ausdruck. Ganz im Gegensatz zu den schwarzen Tänzen, die mehr Rhythmus hatten, mehr *sabor*, und die mehr Improvisation zuließen." Nach der Revolution sei alles anders geworden, die weißen und schwarzen Tänze hätten sich vermischt. „Der Casino-Stil übernahm ein wenig von der schwarzen Leidenschaft, griff Elemente der Rumba auf. Und irgendwann war es nicht mehr möglich zu sagen, ob es sich um einen weißen oder schwarzen Stil handelte. Er wurde von den Tänzern aller Hautfarben akzeptiert. Für mich hat das Symbolcharakter: Die Vermischungsfähigkeit der kubanischen Musik und der Tänze ist sehr stark. Sie können alles aufnehmen, alles einschließen. Ich sehe darin eine künstlerische Manifestation gegen den Fremdenhass."

Der Buena Vista Social Club bei den Aufnahmen
des Soloalbums von Omara Portuondo im Dezember 1999.

Wir sollten noch einmal bei Ibrahim vorbeischauen,
schlägt Jorge Pertinaud vor. Ab Mitternacht würde es
dort immer lustig zugehen. Während das Taxi noch in
Schlangenlinien den Pockennarben im Straßenbelag
auszuweichen versucht, hören wir schon aus den Fens-
tern der *casa Ferrer* Gitarren und Gesang. Zwei Freunde
von Ibrahim sind zu Gast. Ein Musikerduo, das sich
Hermanos Cerol nennt. Söhne eines langjährigen Freun-
des, mit dem er einst bei den Bocucos gespielt hat. Sie
singen ein Lied von Manuel Corona. *Doble Inconsciencia*
– doppelte Ahnungslosigkeit: Du hast mich betrogen,
dein Gefühl war nur vorgetäuscht. Mein trauriges, lie-
bendes Herz ist gebrochen. Für ein bisschen Metall hast
du deine verkommene Seele verkauft, für eine Handvoll

Gold und Silber. Glaube nicht, dass ich dich hasse und verachte, aber ich weiß, dass es so nicht weitergehen wird. Eines Tages, *mi amor*, wirst du deinen Preis ganz gewaltig senken müssen.

Süßer die Stimmen nie klangen, um das Häßliche zu fassen. Ibrahim lächelt: Sein Herz ist ungebrochen, das Gold hängt an den Wänden, und sein Preis steigt, Jahr für Jahr. „Seid ihr eigentlich je von der Regierung ausgezeichnet worden?" frage ich. „Für eure weltweite Botschaftertätigkeit mit dem Buena Vista Social Club?" Ibrahim schüttelt den Kopf: „Keine Glückwünsche, keine Honorierung. Wir können problemlos ausreisen, und wir haben ein bisschen Geld auf der Bank. Aber sonst nichts."

Cachín hat ein paar Hühnerbeine in einer dicken Ölpfütze gebraten, *moros y cristianos* – Reis mit schwarzen Bohnen gemischt, werden aufgetragen, und eine Delegation verabschiedet sich in einen nahe gelegenen Laden, um die Rumvorräte zu ergänzen. Die Gesänge werden schriller, die Tänze gewagter, die Witze frivoler. Havanna – ein Fest fürs Leben. Als ich schließlich das Haus verlasse, um zum Taxi zu gehen, eilt mir Ibrahim hinterher. „Hat es dir bei mir gefallen?" fragt er. Natürlich Ibrahim, sage ich. Wunderbar, toll, *maravilloso, sabroso*. Seine Gesichtszüge entspannen sich. Und er schenkt mir noch einmal sein Lächeln, wie es auf dem Cover seiner CD für die Nachwelt festgehalten ist: treuherzig und schalkhaft, unschuldig und durchtrieben. Eine Maske der Paradoxien, der kubanische *doble sentido* – Doppelsinn in der physischen Fassbarkeit eines menschlichen Antlitzes.

TRAURIGER TIGER DER TASTEN
Rubén González und die kubanische Tanzmusik

Die Kunst der Verführung

Rubén will spielen. Rubén will immer spielen. Das Dumme ist nur: Rubén kann nicht spielen. Denn das elektrische Klavier, das in einer Ecke seines Häuschens im Zentrum von Havanna steht, kriegt keinen Strom. *No hay corriente!* – Stromausfall. Rubén ist verzweifelt. Er lässt die Hände über die Tastatur gleiten: kein Ton. Nur eine absurde Tanzchoreografie der Finger. Sinnlos, zwecklos, hilflos. Zwar gehören die regelmäßigen Stromabschaltungen ganzer Stadtteile mittlerweile der Vergangenheit an. Doch irgendwo schmort immer ein vorrevolutionäres Kabel durch.

Rubén González will nicht unbedingt für mich spielen. Wohl eher für Marianne, die Fotografin, die den kleinen Mann mit dem römischen Cäsarenprofil ablichten soll. Mag Rubéns Geist auch schon ein wenig umnebelt sein, seine Rede wirr und schwer verständlich: Auf erotische Reize scheint er noch bestens zu reagieren. Seine Äuglein funkeln begehrlich. Die Finger wandern vom Klavier hinüber zu den Händen der Fotografin, als wolle er wenigstens ihren Körper zum Klingen bringen. Rubéns Frau Eneída, eine füllige, gut gelaunte Siebzigerin, lässt ihren Tastentiger gewähren. „Seit dem Erfolg von Buena Vista und seiner Soloplatte ist er wenigstens wieder beschäftigt", sagt sie. „Vorher dachte er, sein Leben

Rubén González 1997 in seiner Wohnung in Centro Habana.

sei zu Ende, und er saß nur noch apathisch herum. Aber jetzt gibt es ständig Termine im Plattenstudio, Telefonate, Filmaufnahmen. Das alles hat wie ein Jungbrunnen gewirkt. Wir sind jetzt seit 44 Jahren verheiratet, da nimmt man es schon einmal in Kauf, dass er eine andere ansieht."

Rubén scharrt jetzt unruhig mit den Füßen: Ohne Klavier ist er nur ein halber Mensch. Er betört Frauen nicht mit blumigen Reden und vielsagenden Gesten wie der Durchschnittskubaner, sondern mit Melodien und virtuosen Kadenzen. *Vamos*, meint er. „Suchen wir ein Klavier. Einen richtig großen, schönen Flügel in einem der Hotels." Na gut, sagen wir. Dann lass uns doch ein Taxi rufen. Doch Rubén winkt ab: Kein Taxi. Zu Fuß. Mit seinen gichtigen Beinen kann er sich nur noch mühsam bewegen. Eine fragile, schwankende Gestalt, die man im rücksichtslosen Gedränge der schmalen Straße am liebsten mit einem Polizeikordon abschirmen würde. Aber Rubén ist zäh. Gestützt von Marianne und Eneída arbeitet er sich Meter für Meter vorwärts.

Das Zentrum von Havanna ist etwa so attraktiv wie die dunkle Seite des Mondes. Bis hierher haben die Wiederaufbaubemühungen des allmächtigen Stadtplaners Eusebio Leál nicht gereicht. Während in der Altstadt, nur einen Kilometer Luftlinie entfernt, die Fassaden zuckerbäckerbunt bemalt und Stützpfeiler in die verrotteten Kolonialstilhäuser eingezogen werden, um den Touristen ein Potemkinsches Tropenparadies vorzuführen, schreitet der Verfall im Centro Habana munter fort: Geschäfte mit gesprungenen Fensterscheiben, die mit Klebeband zusammengeflickt wurden. Verwüstete Wohnzellen, die sich zur Straße hin öffnen und hinter verbogenen Gitterstäben karges Mobiliar und das obligatorische Papst-Poster zur Schau stellen. Eine Katze humpelt auf drei Beinen über die Straße. Ein Mann bringt eine Abfalltonne aus Aluminium ins Rollen und klöppelt darauf mit Holzstöcken einen wilden Takt. *Oye cómo va mi ritmo.* – Hör dir meinen Rhythmus an.

Niemand hier will ein Autogramm von Rubén González, ja, man scheint ihn überhaupt nicht zu kennen. Was zählt schon Weltruhm in einer Stadt, die 24 Stunden am Tag mit sich selbst beschäftigt ist, ihre Wunden leckt, ihre Leiden pflegt und ihre Exzesse auskostet. Immer eine Spur zu heftig, zu unkontrolliert, zu risikofreudig. Es sei der Wesenskern des Kubanischen, hat der große kubanische Autor Lézama Lima einmal geschrieben, eine bereits gewonnene Partie ständig von neuem aufs Spiel zu setzen.

Wir haben jetzt den Parque Central in der Altstadt erreicht. Rubén hängt wie ein nasser Sack zwischen den beiden Frauen, ist völlig erschöpft. Aber seine Augen betteln immer noch: Klavier, Klavier! Wir versuchen es zuerst im Hotel Inglaterra zur linken Hand, dem ältesten Haus am Platz, im 19. Jahrhundert erbaut. Mosaikfenster mit blauen, grünen, orangen Scheiben brechen das Licht und werfen es als farbige Splitter in den Speisesaal. Die Bar dahinter ist dunkel und still. Ein Tasteninstrument gibt es hier schon. Doch es ist kein Flügel, sondern ein schlichtes Pianoforte. Rubén stellt sich davor, drückt einen Akkord. Ein stumpfer, matter Ton. So wie der Hieb mit einem Baseballschläger auf eine Matratze. Der Barmixer steht hinter dem Tresen. Wischt geräuschlos ein paar Biergläser aus. Verzieht sein Pokerface nicht um einen Millimeter. Rubén schüttelt den Kopf. Nein, hier will er nicht spielen. Bei seinen Tourneen in den letzten Jahren hat er viele teure Bösendorfer und Steinways unter den Fingern gehabt. Er weiß, wie es klingen muss. So jedenfalls nicht. Wir verlassen das Hotel, gehen vorbei an den uniformierten Sicherheitsbeamten, die aufpassen, dass sich keine *chicas* ins Haus schwindeln. Es sei denn, man lässt den Herren in aller Diskretion 20 Dollar zukommen. Dann drückt die sozialistische Moral ein Auge zu und liefert die Mädchen sogar persönlich aufs Zimmer.

Schräg gegenüber, auf der anderen Seite des Platzes, ist das Hotel Plaza. Der Portier winkt bedauernd ab: Nein, kein Flügel. Nur ein elektrisches Klavier. Und wir wüßten ja: der Stromausfall. Einen Block weiter: Hotel Golden Tulip, einer der Neubauten, die in den vergangenen zwei Jahren hochgezogen wurden, um die hässlichen Baulücken um den Parque Central zu schließen. Hier gibt es gar nichts. Nur eine Karaoke-Anlage. Aber Rubén hat keine Lust, „My heart will go on" von Celine Dion zu singen. Wir checken noch ein paar weitere Hotels: Sevilla, Ambos Mundos. Ohne Erfolg. Doch jetzt hat Rubén den rettenden Einfall: „‚Cachaíto'! Der hat doch einen Flügel zu Hause."

Orlando ‚Cachaíto' López, der Bassspieler, wohnt allerdings in Vedado. Gut fünf Kilometer entfernt. Da lässt sich sogar Rubén González, der eiserne Fußgänger, erweichen, ein Taxi zu nehmen. Wir fahren den Paseo del Prado, den einstigen Prachtboulevard, hinunter zum Malecón. Rubén sieht zum Fenster hinaus, lässt seine Gedanken aufsteigen wie Zigarettenrauch. „Weißt du", sagt er. „Ich komme ja aus dem Landesinneren. Ich bin in Santa Clara geboren und habe in Cienfuegos Klavier studiert – ein Provinzler. Als ich nach Havanna umzog, war ich völlig planlos. Zum Glück habe ich gleich zu Beginn Arsenio Rodríguez getroffen, den blinden Tres-Spieler, der die kubanische Musik revolutioniert hat. Er wies mir den Weg. ‚Rubén‘, sagte er, ‚schere dich nicht darum, was die anderen spielen. Spiel auf deine Weise. Du musst deinen Stil entwickeln, dich von allen anderen unterscheiden.‘ Und so habe ich es gemacht – bis heute.“ Du bist ja schon mit Thelonious Monk verglichen worden, dem bizarren amerikanischen Jazz-Bilderstürmer, werfe ich ein. Rubén lächelt: „Ja, Ry Cooder hat das gesagt. Ich weiß gar nicht, wie er dazu kommt. Mir gefällt Oscar Peterson viel besser. Mit dem habe ich einmal in Japan im selben Hotel gewohnt. Ich sah ihm zu, wie er seine Finger über die Klaviatur rasen ließ und gratulierte ihm. Und dann spielte ich: Son, Mambo, *Chachachá*. Als ich fertig war, gab er mir die Hand und sah mich lange an. Er war sehr beeindruckt. Ich mag den Jazz, er ist interessant, man kann viel davon lernen. Aber tief im Herzen trage ich die *música cubana*. Das ist es, was ich spielen kann, was ich spielen möchte.“

Orlando ‚Cachaíto‘ López wohnt mit seiner Familie in einem Appartmenthaus im Windschatten des hochaufragenden Hotel Capri. Wir haben Glück: Gerade als wir nach dreimaligem vergeblichen Klingeln wieder abziehen wollen, kommt er mit ein paar Einkaufstüten die Treppe hoch. Rubén ist jetzt kaum mehr zu halten. Der Klaviersüchtige leidet unter Entzugserscheinungen. Er klappt den Deckel des Flügels hoch und lässt ein langgezogenes Arpeggio von den Bassregistern bis hinauf in den Diskant wandern. Und dann spielt er „La Engañadora“, den berühmten *Chachachá* von Enrique Jorrín. Er knetet und moduliert das Thema, bis man es kaum mehr erkennen kann. Setzt probeweise ein paar dissonante Akkorde neben die Melodie. Also doch: Thelonious Monk, Jazz, Lust am befreiten Klang. Und dann spielt sich Rubén in einen wahren Rausch. Mit der linken Hand hämmert er die Begleitrhythmen, mit der rechten lässt er Triolenketten rollen, schiebt groteske Intervallsprünge dazwischen. Und findet doch immer wieder zur Melodie zurück, die seinen ausschweifenden Spontaneinfällen Bodenhaftung gibt.

Beim Sprechen vergisst Rubén häufig Namen, verwechselt Jahreszahlen, verirrt sich im Labyrinth der Epochen, die er mit seiner Klavierkunst zum Tanzen gebracht hat. Doch wenn er Klavier spielt, wirkt alles klar, konzentriert, fokussiert. „,La Engañadora' – die Betrügerin", sinniert Eneída González. „Das war der allererste *Chachachá*. Enrique Jorrín beobachtete einmal eine magere, junge Frau in einem Lokal, die auf die Toilette ging. Als sie ein paar Minuten später wieder herauskam, war sie an manchen Körperstellen wesentlich besser gepolstert als vorher. Daher kommt der Titel des Stückes."

,Cachaíto' hat jetzt seinen Bass ausgepackt. Die beiden voluminösen Instrumente finden in dem kleinen Wohnzimmer mit Blick auf die Fassade des Capri kaum Platz. Doch die Reibungshitze sorgt für *sabor*: Der 80-jährige Rubén und der bald 70-jährige Orlando feuern sich gegenseitig die Phrasen um die Ohren, führen mit komplizierten Synkopierungen die Belastbarkeit des Rhythmus vor, konstruieren aus uralten Themen wie „Almendra" oder „Tres lindas cubanas" feinmechanische Wunderwerke einer perfekt abgestimmten Improvisationskunst. „Ich weiß immer schon vorher, was Rubén gleich spielen wird", sagt ,Cachaíto'. „Ich habe dafür einen siebten Sinn.

Obwohl wir erst spät zueinander gefunden haben. 40 Jahre in der gleichen Stadt Musik gemacht und fast nie gemeinsam musiziert – das grenzt an ein Wunder."

Nach einer Stunde heftigster Klangumarmungen haben die beiden älteren Herren genügend Dampf abgelassen.

Abelardo Barroso und der Krieg der Sextetos

Man versammelt sich um den Wohnzimmertisch. Ein paar Montecristos vom Schwarzmarkt werden ausgepackt und eine Flasche Guayabita de Pinar – Hochprozentiges aus den Westprovinzen – geöffnet. Rubén und ,Cachaíto' sind in nostalgisch verklärter Erinnerungslaune. Der Pianist beginnt zu erzählen: von den zwanziger Jahren, als er noch ein Kind war und im Radio den Sextetos und den Septetos zuhörte. Es war die Zeit, als zum ersten Mal größere Summen in die Produktion kubanischer Musik flossen und ein Kampf der großen Plattenfirmen aus den USA um Marktanteile ausgefochten wurde. Columbia Records hatte das Sexteto Nacional des Bassisten Ignacio Piñeiro unter Vertrag. RCA Victor konterte mit dem Sexteto Habañero. Die Mutter aller Schlachten um die Gunst der Tänzer und der Radiohörer wurde mit harten Bandagen und unter erheblichem Kapitaleinsatz geführt. Was die Angelegenheit besonders heikel machte: Beide Gruppen arbeiteten zeitweise mit dem gleichen Leadvokalisten, Abelardo Barroso, der *el gran Caruso* genannt wurde. Ein Meistersänger des Son, dessen Stimme im Resonanzraum der Jahrzehnte nachhallte und bis hin zu Beny Moré stilbildend wirkte. Als

Boxer und Baseballspieler gescheitert, schlug er sich eine Zeit lang als Chauffeur durch. Bis er entdeckte, dass er mit seiner Stimme Kunststücke vollbringen konnte. Einen Sänger wie Abelardo Barroso hat es auf Kuba nie wieder gegeben: Nasales Timbre, eine Intonation, die die Phrasen statt in edles Vibrato in ein höhnisches Meckern münden lässt. Der Sound des machistisch auftrumpfenden Proletariats: Die Stimme transportiert einen vulgären sexuellen Subtext, der die Melodien vergiftet und auf verführerische Weise das Böse, das Verbotene, das gesellschaftlich Ausgegrenzte mitschwingen lässt. Harmlose Texte offenbaren plötzlich Geheimbotschaften, an die niemand zu denken wagte, simple Volkslieder konvertieren zu Epen der Dekadenz und der Morbidezza.

Abelardo Barroso ist der Papst des Heillosen: zerschundenes Gesicht, stutzerhaftes Bärtchen, ein Blick, der sich vergeblich bemüht, seine Verachtung zu verbergen. Er wurde wohl kaum vom Publikum geliebt, aber er war künstlerisch so stark, dass sich ihm niemand entziehen konnte. Von der Bühne aus brach er den Widerstand seiner Hörer, zwang sie in die Knie, vergewaltigte sie. „Lagrimas negras": Nie hat ein anderer Sänger diesem Lied so viele Bedeutungen ablauschen, so viele perverse Botschaften einschreiben können wie der *gran Caruso*: „Du willst mich fallen lassen, aber ich möchte nicht leiden." Die Stimme Abelardos beginnt ernst und getragen. Doch plötzlich kippt sie ins Lächerliche, in die Travestie, in die blecherne Gefühlsverhöhnung. Gibt die tiefempfundene Emotion dem allgemeinen Spott preis. Um dann, in einem letzten Schlenker mit einer unerwarteten Tonfärbung hinter dem Zynismus doch noch eine Wunde zu zeigen: *Contigo me voy, mi santa, aunque me*

Rubén González in den vierziger Jahren (am Klavier sitzend).

cueste morir. – Ich gehe nur mit dir, meine Heilige. Auch wenn es den Tod bedeutet.

Im Krieg der Sextetos um die musikalische Meinungsführerschaft hieß die zentrale Frage aus der Perspektive Abelardo Barrosos: Wer ist stärker? Ich oder ich? Ein virtueller Schlagabtausch, den er nicht gewinnen konnte. Aber auch abgesehen von der Person des Sängers brachte das zähe Ringen keinen eindeutigen Sieger hervor. Das Sexteto Habañero schlug zwar das Sexteto Nacional mit 136 Aufnahmen im Zeitraum von 30 Jahren quantitativ nach Längen. Dafür aber durfte Ignacio Piñeiros Gruppe Kuba 1929 bei der Ibero-Amerikanischen Ausstellung in Sevilla vertreten und den Europäern den Son vorstellen. Außerdem hatte der Bassspieler und Komponist Piñeiro mit „Échale Salsita" ein Lied geschrieben, das ins Kernrepertoire der kubanischen Evergreens gewandert ist und bis zum heutigen Tag den Tanzveranstaltungen die angemessene Würze verleiht: „Tu ein bisschen Sauce drauf, Papi", wie es im Text heißt.

Arsenio Rodríguez

„**Al**s ich ernsthaft mit dem Klavierspielen begann", meint Rubén González, „war das alles schon Geschichte. In den dreißiger Jahren wurde die Musik schon wieder durcheinander gewirbelt." Und ‚Cachaíto' ergänzt: „Die Gruppen wurden immer größer. Von den Duos der alten *Trova*, über die Sextetos und Septetos zu den Conjuntos, die eine ganze Bläsergruppe und viel mehr Perkussionsinstrumente einsetzten."

Eine Schlüsselfigur in dieser Entwicklung war Arsenio Rodríguez, Rubéns erster wichtiger Orchesterchef. Seit dieser als Kind von einem Maultier ins Gesicht getreten worden war, litt er an einer schweren Augenkrankheit. Als er, schon erwachsen, wieder einmal einen Arzt konsultierte, teilte der ihm mit, dass er endgültig erblinden würde. Und Arsenio schrieb voller Bitterkeit einen der traurigsten Boleros der kubanischen Musik: „La vida es un sueño". Alles im Leben ist Lüge, nichts ist Wahrheit. – *Todo es mentira, nada es verdad.* Das wurde ihm später noch einmal auf grausame Weise vom Leben bestätigt. Arsenio Rodríguez, *el ciego maravilloso* – der wunderbare Blinde, der große Musikinnovator, starb 1971 in Los Angeles nach einer glanzvollen Musikerkarriere in völliger Armut. Freunde mussten für ihn sammeln, um ihm überhaupt ein würdiges Begräbnis zu ermöglichen. „Arsenio hatte es immer schwer im Leben", meint Rubén. „Oft machte einer der Musiker einen Witz über seine Blindheit. Dann wankte Rodríguez wie ein großer Bär mit ausgebreiteten Armen durch den Raum und versuchte, den Spötter zu fassen – was ihm fast nie gelang. Wenn Tourneen gemacht wurden oder Konzerte außerhalb von Havanna stattfanden, war Arsenio vollkommen von seinen Musikern abhängig. Aber die waren Bohemiens, gingen nach dem Auftritt gern einen trinken und ließen den Blinden einfach zurück. Das ging ihm mit der Zeit ziemlich auf die Nerven." Arsenio habe einen Bruder gehabt, erzählt Rubén, dem er vertraute und dem er sich stark verbunden fühlte. Quinque Rodríguez sollte nun immer mitfahren und als Blindenführer dienen. „Eine Zeit lang ging das auch gut. Doch dann wurde dem Bruder die Sache langweilig, und er verlangte von Arsenio, dass er in der Gruppe mitspielen dürfte. Das einzige Instrument, das er beherrschte, war die Conga-Trommel. Arsenio blieb keine Wahl. Und aus dieser Notlösung wurde eine musikalische Revolution."

Die große fassförmige Conga mit ihren dumpfen, tiefen Sonoritäten „afrikanisierte" den Klang des Conjuntos und verlagerte das Epizentrum der Musik in die Bassregionen. Die traditionellen Son-Ensembles hatten mit ihrem leichten Perkussionsgepäck aus Bongos, Claves und Kuhglocken einen beschwingten, schwerelosen Sound transportiert. Jetzt kam eine rhythmische Durchschlagskraft dazu, die die Tänzer aufpeitschte wie nie zuvor in der kubanischen Musik. Arsenio begann auch, der einsamen Trompete der Septetos ein paar Kollegen an die Seite zu stellen, und munitionierte seine Musik mit Bläserriffs, wie man sie von den amerikanischen Big

Bands kannte. Aber diese Klanginnovation, im Speziellen die Verwendung der Conga-Trommel, wurden nicht überall gut aufgenommen. Als das Conjunto Arsenio Rodríguez einmal gemeinsam mit seinen härtesten Konkurrenten Arcaño y sus Maravillas und Melodías del 40 in einem Tanzlokal namens El Club Cultural auftrat – die gleichen drei Bands sollten wenig später im Buena Vista Social Club Furore machen –, protestierte der Veranstalter heftig beim Anblick der Congas: Arsenio solle das Ding so schnell wie möglich entfernen. Er wolle in seinem Club nicht die Atmosphäre eines *solars*, wie die slumähnlichen Unterkünfte der Schwarzen genannt wurden. Der blinde Bandleader antwortete: „Dies hier hat nichts mit den *solares* zu tun. Das ist ein neues Instrument, das den Klang der gesamten kubanischen Musik ändern wird. Wenn mein Bruder nicht spielen darf, dann wird die ganze Gruppe nicht auftreten." Der Veranstalter gab widerwillig nach und zitterte eine halbe Stunde lang vor der Bühne, ob das ungewöhnliche Instrument, das den Odeur der niederen Bevölkerungsschichten verströmte, vom Publikum abgelehnt würde. Aber ganz im Gegenteil: Die Conga fand begeisterten Zuspruch. Und zwar so sehr, dass selbst Arcaño, der eigentlich einen viel weicheren, eleganteren *Danzón*-Stil favorisierte, Quinque Rodríguez einlud, mit seinen Maravillas zu improvisieren. Bald darauf engagierte er selbst einen Conga-Spieler und verpasste dem Sound seiner Gruppe nach und nach eine härtere Gangart.

Dass Arsenio Rodríguez sein Conjunto in ein großstädtisches Tanzorchester verwandelte und dabei afrikanischen Elemente verwandte, hatte seine eigene innere Logik: Geboren 1911 in Guira de Majicures in der Provinz

Matanzas war Arsenio seit frühester Jugend der Genea-
logie der Tänze, Beschwörungsformeln und religiösen
Kulte seiner schwarzen Vorfahren verbunden: Sein
Großvater war vom Stamm der Congos, wurde 104 Jahre
alt und legte Wert darauf, seine 18 Enkel mit der Sprache
und den Gebräuchen seines Volkes vertraut zu machen.
Etwa mit dem Zauberkult um die *nganga*, einen großen
Kessel, der in die Mitte eines Versammlungsortes gestellt
wurde. In diesem Kessel waren die Mächte und die Heiligen geborgen. Die Teilnehmer an einem Ritus trommel-
ten und sangen, machten *enkangues*, kleine Häufchen
aus Friedhofserde. In die *nganga* wurde *pata de gallina*
gelegt, um die Menschen zu schützen. Wollte man aber
einen Herrn und Sklaventreiber bestrafen, warf man ein
bisschen Erde in den Kessel. Daraufhin wurde die entsprechende Person krank, oder es geschah irgendein
Unglück in seiner Familie.

All diese frühen Prägungen, die Rhythmen der *caja*-
und der *cachimba*-Trommeln, die Initiationsriten und
die Begräbnisfeste sedimentierten in der Persönlichkeit
von Arsenio Rodríguez und fanden später in afrokubanischen Kompositionen wie „Bruca Manigua" künstlerischen Niederschlag – ein Stück übrigens, das auch Ibrahim Ferrer für seine Soloplatte aufgenommen hat.

Als die Musik von Arsenios Conjunto schon voll entfaltet war, kam Rubén in die Gruppe: „Arsenio wohnte
ganz in der Nähe von meinem Haus in der Calle Lucena",
erzählt der Klavierspieler. „Wir trafen uns oft, entweder
bei ihm oder bei mir. Spielten zusammen, experimen-
tierten mit Melodien und Harmonien. Ich am Klavier
und er mit dem Tres. Wir imitierten nie jemand anderen,
sondern versuchten, unseren eigenen Stil zu perfektio-

nieren." „Das stimmt", ergänzt Eneída, „Rubén hat immer geklungen wie kein anderer. Wenn er im Haus spielte, sagten die Leute, die auf der Straße vorbeigingen: Das ist Rubén González. Heute ist er einer der letzten *soneros*, die es noch gibt und die ihre Musik wirklich kennen. Viele andere Pianisten spielen alle möglichen Stile, aber Rubén hat den Son nie aufgegeben."

Nach einigen Jahren zerbrach die musikalische Partnerschaft zwischen Rubén und Arsenio. Den Platz auf dem Pianoschemel nahm der nicht minder renommierte Lilí Martínez ein. In den Fünfzigern dann kehrte der „wunderbare Blinde" voller Frustration Kuba den Rücken. Obwohl er anerkanntermaßen viel Neues in der Musik etabliert hatte und über eine der hochkarätigsten Truppen in der Tanzszene Havannas verfügte, blieb ihm aufgrund seiner schwarzen Hautfarbe der Zutritt zu den eleganten Clubs der Weißen verwehrt. Arsenio Rodríguez wanderte nach New York aus, formierte ein neues starkes Conjunto und legte das Fundament für den Stil, der einige Jahre später als Salsa bekannt werden sollte.

Auch Rubén orientierte sich neu: Er begann ein musikalisches Vagabundenleben, stieg bei einer Vielzahl von Orchestern ein und wieder aus, darunter Siboney und Riverside. „Das war eine harte Zeit", erinnert er sich. „Am Nachmittag spielte ich bis fünf Uhr im Radio. Dann ging es in ein Kino für eine kurze, 15-minütige Show zwischen zwei Filmen. Später am Abend ein weiterer Radioauftritt für CMQ. Und schließlich noch ins Hotel Nacional, wo ich in einer Showband bis drei Uhr morgens beschäftigt war. All das für ein paar Pesos. Man konnte gerade die Miete und das Essen bezahlen."

Schließlich fand Rubén González seine endgültige Bestimmung im Orquesta América von Enrique Jorrín, dem Maestro des *Chachachá*. „Bei Jorrín blieb ich viele Jahre. Wir machten Tourneen – Mexiko, Venezuela und so weiter. Nach seinem Tod wollte ich eigentlich in Rente gehen. Ich habe noch ein bisschen ohne Vertrag weitergemacht. Manchmal kamen Leute und sagten: He, Rubén, wir haben heute einen Auftritt. Spiel doch einfach mit. Aber auch das hörte irgendwann auf."

Mit Rubén war es ähnlich wie mit Ibrahim Ferrer: ein großer Musiker, ein wahrer Künstler in seinem Metier. Aber da er nie zum Orchesterchef graduierte, blieb dies ein gut gehütetes Geheimnis. Bis im Jahr 1997 die Platte *Introducing … Rubén González* auf den Markt kam. Das Solo-Debüt nach 50 Jahren professioneller Musikerkarriere. „Nick Gold hatte nach den *Buena Vista*-Aufnahmen noch zwei Tage Studiozeit frei. Er sagte: ‚Mach, was du willst. Spiel, was dir gefällt.' Ich improvisierte also einfach drauflos. Nach ein paar Minuten dachte ich mir: *Caramba*, das wird jetzt ein wenig lang. Ich blickte fragend zur Studiokabine hinüber. Doch Gold lächelte nur und nickte. Da machte ich weiter, *a mi manera* – auf meine Weise. So lang, wie ich wollte."

Die Erotik der kubanischen Tänzerinnen

Es ist mittlerweile zehn Uhr abends. Am nächsten Tag müssen Rubén und ‚Cachaíto' wieder ins Egrem-Studio, um der Omara Portuondo-Platte den letzten Schliff zu verleihen. Eneída González drängt zum Aufbruch. Und auch ‚Cachaítos' Frau möchte, dass ihr Mann so schnell wie möglich ins Bett findet. Vor dem Hausportal verabschieden wir uns voneinander. Ich gehe die abschüssige Straße hinunter. Vorbei an dem riesigen U-förmigen Focsa-Gebäude, das den ganzen Stadtteil wie eine riesige Fledermaus überschattet. An der Straßenecke Línea y M sehe ich an einem Bauzaun ein handgemaltes Plakat: *Manolín, el médico de la salsa* – der Salsa-Doktor wird heute spielen. Der Sänger, der sich seit Jahren mit Paulito Fernández um den Titel der Nummer eins auf der Insel duelliert. Der Mann, der mit „La Bola" die Hymne zum Tanz auf dem Vulkan in der Zeit der ökonomischen Dürre geschrieben hat. Nach all den Geschichten über längst verstorbene blinde Magier, apokryphe Trommelkulte und vom Winde verwehte Erinnerungsklänge gelüstet es mich nach einer Energiezufuhr aus dem zeitgenössischen Kuba.

In der Pension rufe ich Lisett an, eine kubanische Freundin: Ob sie mich ins La Cecilia begleiten würde, die Freiluftbühne, wo Manolín einheizen wird. Klar, meint sie. Wenn ich den Eintritt von 20 Dollar für sie mitbezahlen könne: kein Problem. Wir treffen kurz vor Beginn des Auftritts in dem Laden mit seinen hübschen Zierpalmen und Bougainvilleas ein. Die übliche Publikumsmischung wie in allen Highbrow-Lokalen Havannas: Geschäftsleute mit dem dezenten Flair von Import-Export, gehobene Chargen aus der Partei-Nomenklatura, ein paar Diplomaten aus den umliegenden Botschaftervillen. Und vor allem Mädchen, Mädchen, Mädchen. Stark herausgeputzt mit kompliziert aufgetürmten Haargebilden, hautengen kurzen Kleidern, dramatischem Make-up und Stöckelschuhen mit Absätzen, die so hoch und spitz sind, dass sie ihre Besitzerinnen zu einem gravitäti-

schen Stelzengang zwingen. „Wie kommen die alle hier
herein?" frage ich Lisett. „Ich dachte, die Polizei geht seit
einiger Zeit massiv gegen die Prostitution vor." „Ach
weißt du", lacht sie. „Das wird hier wie überall locker ge-
handhabt. Die meisten der *chicas* gehen mit den Türste-
hern ins Bett. Und die sind dann bei der Ausweiskontrol-
le nicht so streng."

Vor dem Konzert Manolíns scheint sich die allgemeine
Erwartung zu purer Energie zu ballen: *Chachachá* schar-
ren die Füsse über die Steinböden, hysterisches Gelächter flackert über die Tische. Und dann erscheint er endlich: der Peitschenschwinger der Salsa, der Tierbändiger
des entfesselten Tanzmonsters, der Erlöser aus der Mise-
re eines Alltags zwischen Abraumhalden. Die ersten
Töne von „Aventura loca" dröhnen durch das P. A.-Sys-
tem, die Timbales, durch Mikrofone verstärkt, donnern
los wie Maschinengewehrsalven. Druckvoller Klang
setzt die Körper unter Strom. Und alle, alle hetzen zur
Tanzfläche, als ob dort gerade ein Goldschatz zur freien
Entnahme deponiert worden wäre.

Tanz ist auf Kuba viel mehr als possierliches Glieder-
schütteln zu mehr oder minder rhythmischen Klängen. Tanz ist Schauspiel, Selbstinszenierung, nonverbale
Kommunikation zwischen Körpern. Erregte Debatten
und offensive Balzrituale werden in die ritualisierte Form
stilisierter Gesten und Bewegungen gegossen und dann
wieder spontan variiert. Beine und Hände machen dort
weiter, wo die Sprache nicht mehr hinreicht. Wer auf
Kuba nicht tanzen kann, gilt beinahe als körperbehin-
dert. Und ein fundamentales Misstrauen gegen Castro
nährt sich aus der Tatsache, dass er wirklich noch nie
singend oder tanzend gesehen wurde. Beim kubani-

schen Tanz seien die Bewegungen der Schultern und Hüften fundamental, hat der Schriftsteller Rogelio Saunders geschrieben: „Man sagt hier von den Frauen, dass sie Hüften wie Pudding haben – diese Süßigkeit, die am Teller zu wackeln scheint, als wäre sie von einem undefinierbaren Zittern erfaßt. Der Pudding hat eine Form, die man sieht und gleichzeitig hat er sie nicht: der Pudding lässt sich nicht greifen." Und so müsse auch die Hüfte von jemandem sein, der Son oder Salsa tanzt: nicht zu definieren, nicht zu greifen, nicht zu bremsen. „Locker, ohne festen Bezugsrahmen. Die Richtung weisen nur die Musik und die Intuition, das Gespür für den Rhythmus und das Begehren, das aus der Tanzbewegung erwächst wie eine Welle aus der anderen, oder ein Kuss aus dem anderen." Tanz als Religion, als heilige Ekstase: Bei der Freestyle-Salsa im La Cecilia mischen sich die Grundschritte des Son mit improvisierten Drehbewegungen, das erotische Lock- und Abwehrspiel des *Guaguancó* mit der provozierenden Anmache von Frauen, die ihr Gesäß am Geschlecht des Tanzpartners reiben.

Manolín, der Diktator der Fiesta, hat die Menge unter Kontrolle. Er spult seine Hits mit Überdruck ab: „Somos lo máximo", „Para mi gente". Was auf Platten oft seicht und schlagerhaft klingt, gewinnt in der Live-Situation an Rauhheit und Akkuratesse. Der Chor gibt dem Sänger im Refrain seine Phrasen verstärkt zurück: Ruf und Antwort. Sogar in dieser kommerziellsten Form der kubanischen Musik ist noch ein Hauch Afrika.

Im beweglichen Ornament der Masse auf der Tanzfläche fällt auf, dass bei den Frauen der zimtfarbene Hautton eindeutig dominiert. Die Mulattin ist auf Kuba die unangefochtene Regentin aller Festlichkeiten, aller Aktivitäten, die schön und unnütz sind. *Disfrutar y gozar* – sich erfreuen und genießen. Die weiße Frau sei zum Heiraten da, heißt es im Volksmund, die schwarze zum Arbeiten. Und die braunhäutige *muchacha* sei ausschließlich für die Liebe gemacht. Eine Tochter Ochúns, gesandt, um die Männer zu betören, zu verzaubern, zu verwirren.

Der erotische Mythos der Mulattin hat auf Kuba eine lange Geschichte. In den *Zarzuelas*, den spanisch inspirierten Operetten, die im 19. Jahrhundert in Havannas Theatern aufgeführt wurden, stand fast immer eine braunhäutige Frau im Mittelpunkt, deren „feuriges Herz" und „kreolische Grazie" in wortverliebten Versen beschworen wurde. Und auch in den *Guarachas*, den Liedern der *Trova*, den Sones taucht immer wieder die Mulattin auf: als Inbegriff der lustvollen Verschwendung, der bedrohlichen Verführung, der betrunkenen Entfesselung der Sinne. „Verflixte Mulattin!" hat die Schriftstellerin Lydia Cabrera in einer ihrer *Schwarzen Geschichten aus Kuba* geschrieben: „Die war wohl nur auf der Welt, um sich mit Essenzen einzuschmieren und auf dem Parkett zu wiegen. Wie die sich aufspielte! Mit ihrem koketten Seidentuch und dem feinen Musselinkleid war sie ein Schmuckstück, die Mulattin, genau das richtige Liebchen für einen Herrn! Und wie sie vor den Schwarzen, die sich doch mit weißen Lilien schmückten, angab!"

Kuba habe eine Gesellschaft der Mischlinge hervorgebracht, schreibt José Lezama Lima. Das kreolische Barock finde sich in der Malerei, dem Mobiliar, dem Todeskult und vielleicht auch in einer neuen Erotik. In einem sexuellen Reiz, der aus dem Begehren, das die rassische

Vielfalt anstachle, sowie aus der christlichen Verbotswelt entstanden sei. Und bei Alejo Carpentier heißt es in *Die Methode der Macht*: „Die Mulattin kommt mit dem Teufel zwischen den Beinen auf die Welt, und wer das einmal probiert hat ..."

Vielleicht liegt hierin, im Sinne von Rimbauds Diktum, dass ohne Gefahr keine Schönheit möglich sei, die Attraktivität der kubanischen Musik und Kultur. Die schwarze Magie einer Welt hinter der Welt. Eines Universums der doppelten Böden und der geheimen Kammern, die die Essenz der Existenz zu bergen scheinen. Verführerisch und verboten.

Manolín, der zum Salsa-Sänger konvertierte Arzt, zieht sein Stethoskop heraus, horcht den Herzschlag seines Publikums ab. Gibt seinen Musikern ein Zeichen, den Rhythmus zu beschleunigen: *Rubateando! Tengo que hacer tantas cosas.* – Ich möchte so viele Sachen mit dir machen, singt Manolín. Ich möchte dir das Kleid ausziehen. Ich möchte sehen, wie du langsam den Verstand verlierst.

Verrücktheit als exzentrische Bewegung aus den gesicherten Zonen der rationalen Lebensbewältigung. Lisett, meine Begleiterin, ist verschwunden. Hängt an fremden Armen. Lacht in fremde Gesichter. *Yo soy como candela*, heißt ein berühmtes kubanisches Lied. – Ich bin das Feuer, die Flamme der Leidenschaft.

Orlando ,Cachaíto' López und die Dynastie der Bassspieler

Wenige Stunden später bricht der Morgen meines letzten Tages in Havanna an. Noch einmal ins Egrem: Die Aufnahmen für Omara Portuondos Platte nähern sich dem Ende. Wieder einmal hat der Klavierstimmer seinen Körper tief im Flügel versenkt. Flucht auf die Klimaanlage. Versucht, das Instrument in einen wohltemperierten Zustand zu bringen. „Komm", sagt ,Cachaíto' López, „gehen wir noch einen trinken. Das kann dauern." Für ihn ist das Gespräch vom vergangenen Abend in seinem Haus noch nicht beendet. Da war immer nur von Arsenio Rodríguez die Rede. Von dem *ritmo diablo*, den der Blinde in den dreißiger Jahren erfunden hat, und in dem manche die Keimzelle des Mambo sehen wollen. Das kann ,Cachaíto' nicht auf sich sitzen zu lassen. Denn bei der Geburt des erfolgreichsten Rhythmus der kubanischen Musikgeschichte habe seine Familie auch ein Wörtchen mitzureden gehabt. „Mein Vater Orestes López spielte damals im Tanzorchester Arcaño y sus Maravillas Cello. Und mein Onkel Israel, der ,Cachao' genannt wird, Bass. Beide waren auch Komponisten und Arrangeure. 1939 schrieb Orestes ein Stück mit dem Titel ,Mambo'. Im Prinzip war das ein *Danzón*, bei dem der Schlußteil synkopiert und in die Länge gezogen wurde. Flöte, Piano und die Timbales konnten jetzt Soli spielen. Und der Rhythmus, der den Offbeat betonte, war aggressiver und fordernder als beim traditionellen *Danzón*." Es könne schon sein, dass der *diablo* von Arsenio ähnlich geklungen haben, meint ,Cachaíto'. „Aber der Name Mambo stammt von Orestes und Israel. Und sie prägten auch den Zuruf ans Publikum *Vamos a mambear*, wenn sie wollten, dass die Tänzer so richtig loslegten."

Das große Geld mit dem Mambo hätten ohnehin weder Arsenio noch Arcaño gemacht. Sondern ‚Damaso' Pérez Prado, der den neuen Stil nach Mexiko exportierte, mit Bläsern und Studioeffekten kräftig aufpeppte und damit die Vereinigten Staaten eroberte. Wer auf Kuba zurückblieb, sagt ‚Cachaíto', hatte immer das Nachsehen. „Auch mein Onkel ‚Cachao' wurde erst richtig berühmt, als er nach Miami auswanderte und mit seinen *Descargas* zeigte, wie sich Jazz und kubanische Musik verbinden ließen. Er ist mittlerweile über 80 Jahre alt und spielt noch immer. Ich habe ihn schon seit vielen Jahre nicht mehr gesehen. Aber jedes Mal, wenn ich auf Tournee bin, telefoniere ich mit ihm und wir erzählen uns alles, was in der Zwischenzeit so passiert ist."

Orlando ‚Cachaíto' López wurde 1933 in eine Dynastie von Bassspielern hineingeboren. Mehr als 35 Mitglieder seiner Familie, sagt er, von Onkel und Vater bis hin zu weit entfernten Cousins würden dieses Instrument professionell spielen. „Schon mein Großvater war Bassist, und er wollte unbedingt, dass auch ich in seine Fußstapfen trete. Mir hat der Kontrabass eigentlich gar nicht gefallen. Er war mir viel zu groß, ich hatte richtig Angst davor. Das Instrument, mit dem ich mich anfreunden konnte und auf dem ich dann auch zu spielen begonnen habe, war die Geige. Sie war kleiner, handlicher. Aber der Druck aus der Familie war zu stark. Und so endete auch ich schließlich als Bassspieler." ‚Cachaíto' scheint ein Anhänger der altgriechischen Stoa zu sein. Wenn er eine Anekdote erzählt, verzieht er kaum den Mundwinkel. Streut die Pointe so beiläufig, als würde er gerade ein

Bier bestellen. In Europa ist der Mann vor allem als rhythmisch pulsierender Nervenstrang des Buena Vista Social Club und der Afro Cuban All Stars bekannt. Als swingender und grundsolider Verwalter der *música bailable*, der populären kubanischen Tanzmusik. Er passt perfekt ins Klischee von den fidelen Opas, die scheinbar ihr ganzes Leben lang nichts anderes getan haben, als mit dicken Zigarren im Mund sentimentale Lieder zu spielen – das Glas mit Rum immer in Griffweite.

Doch diese Wahrnehmung greift zu kurz: „Ich habe in meiner Jugend auch viel klassische Musik gespielt", sagt ‚Cachaíto', „Beethoven, Tschaikowsky und so weiter. In den vierziger Jahren habe ich beim Philharmonischen Orchester von Havanna angefangen. Und dort bin ich, mit Unterbrechungen, rund 30 Jahre geblieben." Bis zu den abstrakten Klanggespinsten der Avantgarde habe er sich vorgearbeitet. Etwa bei einer Plattenaufnahme mit Kompositionen der stark von Zwölftonklängen und serieller Musik beeinflussten kubanischen Komponisten Leo Brouwer und Harold Gramatges. „Nicht ganz mein Ding. Aber man muss alles spielen können." Neben dieser künstlerischen Pflicht gönnte er sich die Kür der großen Tanzorchester, die im Tropicana oder im Club 21 des Hotel Capri spielten. „Im Orchester Riverside lernte ich den hervorragenden Pianisten Peruchín kennen. Mit diesem großartigen Maestro arbeiten zu dürfen, war für mich ein eindrucksvolles Erlebnis und *una buena práctica*. Ich liebte es auch, zu improvisieren. Ich habe mit allen wichtigen Jazzpianisten Kubas gespielt: Bebo Valdés, Frank Emilio Flyn, Chucho Valdés von Irakere. Auf der Rampa gab es einen Jazzclub, wo wir praktisch den ganzen Tag Jam Sessions gemacht haben. Aber wir spielten auch in anderen kleinen Lokalen. Wenn ich heute dorthin gehe, kennen mich die Leute noch immer – zumindest die Älteren. Sie freuen sich, schwelgen in Erinnerungen an die heißen Nächte mit der *Descarga.*" Er habe auch viel Unterricht gegeben, erzählt ‚Cachaíto' weiter, und seine Schüler hätten die Rhythmen und Strukturen der *música popular* gut gelernt. „Aber das hat seine Grenzen. Um die kubanische Musik spielen zu können, braucht man *bomba*, ein großes Herz, ein

Orlando ‚Cachaíto' López 1999 auf dem Balkon seiner Wohnung neben dem Hotel Capri.

starkes Gefühl. Viele unserer hervorragendsten Interpreten konnten keine Noten lesen."

Das Studio ist jetzt, mit der üblichen Verspätung von etwa einer Stunde, präpariert für die Tonaufzeichnungen. Die Musiker sammeln sich im großen Saal. Beginnen, die Instrumente zu stimmen. Rücken die Mikrofone hin und her, um den optimalen Aufnahmewinkel zu finden. Im Kontrollraum ist man entspannt: Die Omara-Produktion ist gut gelaufen, die gebuchte Studiozeit konnte, trotz einiger Missgeschicke und technischer

Probleme, eingehalten werden. Nick Gold erzählt Jerry Boys, wie er zum wiederholten Male versucht habe, auf der Straße brauchbare Zigarren zu kaufen: „Cohibas für 30 Dollar. Die Kiste sah ganz echt aus. Sogar ein Zertifikat wurde mitgeliefert. Im Hotel versuchte ich dann, eine zu rauchen. Sie zog überhaupt nicht. Und als ich sie dann untersuchte, fiel sie auseinander. Nichts als ein Haufen von Tabakresten und Holzspänen." Toningenieur Jerry Boys schiebt die Regler des Mischpultes hin und her, ruft über Mikrofon ein paar Anweisungen in den Aufnahmeraum hinüber. „Für mich sind die Plattenproduktionen hier auf Kuba immer ein Fest", sagt Nick Gold. „Die Leute hier spielen die Musik nicht, sie sind die Musik. Solange sie da sind, wird die Musik nicht verschwinden. Ich frage mich nur, was passiert, wenn sie sterben. Wer wird dann die Fackel dieser Musik tragen?" Das Buena Vista-Label wolle er in Zukunft nicht mehr auf seine CDs prägen, meint Gold. „Die Aufnahmen waren pure Magie. Unwiederholbar! Ein Zusammentreffen der richtigen Leute am richtigen Ort zur richtigen Zeit. Bei der Ibrahim-Ferrer-Platte haben wir noch einmal Buena Vista draufgeschrieben. Weil er als Solokünstler nicht so bekannt war, und wir ihm damit helfen wollten. Aber inzwischen steht jeder der Buena Vista-Musiker für sich selbst: Compay Segundo, Rubén González, ‚Cachaíto' López, Omara Portuondo. Sie brauchen keine übergeordnete Corporate Identity, um ihre Platten zu verkaufen."

La vida es un sueño

Durch das Sichtfenster des Kontrollraumes sehen wir Rubén González, der in Stachanow'scher Arbeitsgier schon wieder Tonleitern abspult und verschiedene Harmonisierungsmöglichkeiten einer Melodie durchprobiert. Er muss einfach jede Tastatur bearbeiten, die in Reichweite ist. „Es war ein richtiges Abenteuer, an Rubén heranzukommen, damals, als wir *A todo Cuba le gusta* und *Buena Vista* aufnehmen wollten", erzählt Nick Gold. „Ry Cooder hatte seinen Namen zum ersten Mal ins Spiel gebracht. Er kannte Rubéns Improvisationen von den Estrellas de Areito-Sessions aus den siebziger Jahren. Und weil auf kubanischen Platten vor den Soli immer der Name des Musikers gerufen wird, wusste er auch, nach wem er suchen musste. Wir fragten also eine Menge Leute nach Rubén González und bekamen viele verschiedene Antworten. Manche sagten, er sei schon tot, andere, er habe arthritische Finger und könne schon seit Jahren nicht mehr spielen. Juan de Marcos fand dann seine Adresse heraus und brachte ihn ins Studio. Rubén setzte sich ans Klavier und spielte. Perfekt, als ob er nie auch nur einen Tag ausgesetzt hätte."

Mittlerweile sind alle Vorbereitungen abgeschlossen, die Mikrofone perfekt plaziert, die Instrumente aufeinander abgestimmt. Die Klappe zum letzten Lied fällt: „La vida es un sueño", der große Weltabgesang von Arsenio Rodríguez. Erster Take.

Ein kleines Präludium am Klavier, dann fallen die Klanghölzchen ein und akzentuieren den Clave-Rhythmus. Omara Portuondo kennt dieses Lied seit vielen Jahrzehnten. Hat jede semantische Facette und jede melodische Nuance absorbiert. Den Klangkörper abgetastet, den Wesenskern hinter dem Melodrama herauspräpariert. „Wenn einer 20 Enttäuschungen hinter sich hat, dann kommt es auf eine mehr auch nicht mehr an." Sie singt mit einer Stimme, die noch nicht völlig resigniert hat, der aber die Kraft zum Kämpfen fehlt. *Todo es mentira, nada es verdad* – Alles ist Lüge, nichts ist Wahrheit.

Die Begleitung ist jetzt zu einem Crescendo angeschwollen. „Lüge" donnert das Klavier mit einer gläsernen Dissonanz. „Verrat" trommeln die Timbales. Und Omara lässt die Stimme ausfransen. Gesang der Sehnsucht, Geheul der Verzweiflung. Es geht nicht mehr um den Geliebten, der sich in fremden Betten wälzt. Um den schmutzigen kleinen Verrat am Gefühl. Um den Betrug am Leben des anderen, das der eigenen Eitelkeit geopfert wird. *La vida es un sueño* – Das Leben ist ein Traum. Das Verlangen ein Alptraum. Eine verzweifelte Frage im antwortlosen Raum. Ein Mann steckt einer Frau ein Taschentuch in den Mund, bevor er über sie herfällt, um ihr Lustgeschrei zu töten. Augenlider saugen die Feuchtigkeit auf, die die Hände hervorgelockt haben ... Auf dem Friedhof Colón robben alte Frauen auf Knien zum Grab der Milagrosa, der wundertätigen Frau mit dem toten Kind im Arm, heben flehend die Hände ... *Misterio profundo del amor* – das tiefe Geheimnis der Liebe. Gähnen der Leere, Tanz der Polizeiknüppel auf den Rücken der Delinquenten, Kriegsgeschrei von Changó, der mit einem elektrischen Knistern wie ein roter Schatten durch die dunklen Zonen des Bewußtseins huscht. „Totalabrechnung", singt Omara und ihre Stimme überschlägt sich fast. „Das Leben – ein Traum und al-

Omara Portuondo 1999 beim Jazz Fest Wien.

les vergeht. Leben und Sterben, das ist die Realität. Warum nur füllen wir unsere Seelen mit Angst und Verzweiflung."

Omara ist Ochún, die mit honigsüßem Lächeln ihre Hexenkraft erprobt. Die Stimme einer tieferen Wahrheit, die Leben und Tod für den Bruchteil einer Sekunde ineinander fallen lässt. Botschafterin der Insel voller Zweideutigkeiten: Kuba – Reich der Zeichen. Rätselhaft, unentzifferbar. Die Summe unserer Ignoranz, das tiefste Geheimnis.

Glossar zur kubanischen Musik

Abakuá: Musik religiöser afrokubanischer Gruppen, die sich Abakuás nennen. Ihre afrikanischen Vorfahren stammten aus Nigeria. Seit 1836 begannen die Abakuás, sich in Havanna und Matanzas zu organisieren. Ihr Tanz wird von der Figur der Ireme – auch Diablito genannt – aufgeführt, einem wichtigen Charakter in den Riten und Zeremonien dieser Gruppen.

Babalao: Priester der *Santería*-Religion.

Batá-Trommeln: Sie sind die wichtigsten und eindrucksvollsten afrokubanischen Trommeln und werden von den Yorubas und ihren kreolischen Abkömmlingen bei religiösen Zeremonien verwendet. Batá-Trommeln gibt es in drei verschiedenen Größen: Die kleinste heißt Okónkolo, die mittlere Itótele und die größte Iyá.

Bembé, Yuka, Ngoma: Verschiedene Trommeln, die in den afrokubanischen religiösen Kulten verwendet werden.

Bolero: Ein Tanz- und Musikstil, der sich grundlegend von seinem spanischen Verwandten gleichen Namens unterscheidet. Die kubanische Variante wurde in den letzten 30 Jahren des 19. Jahrhunderts geschaffen und ist ein direkter Abkömmling der traditionellen *Trova* aus Santiago de Cuba. Der Bolero verbindet hispanische und afrokubanische Elemente und ist die erste gesangliche Synthese der kubanischen Musik, die weltweite Bedeutung erlangt hat.

Bongos: Zwei kleine Trommeln, die durch ein Holzstück verbunden sind. Die Musiker platzieren das Instrument zwischen ihren Schenkeln und spielen es mit den Fingern und den Handballen.

Chachachá: Dieser Tanzstil wurde zum Teil aus dem *Danzón* entwickelt, der seinerseits Einflüsse des Son verarbeitet hatte. Schöpfer des *Chachachá* in den späten vierziger Jahren war Enrique Jorrín.

Changüí: Eine Variante des kubanischen Son, die in der Region Guantánamo gespielt wird und die zu den ältesten Ausprägungen dieses Stils zählt.

Charanga: Ein Typus von Orchester, der zu Beginn des 20. Jahrhunderts entstand. Ursprünglich bestand die Besetzung aus einer Flöte, einer Violine, Klavier, Kontrabass und einer Pauke oder *Paila*. Später kamen eine Tumbadora, zwei Violinen und drei Sänger dazu. Die *Charangas* spielten hauptsächlich *Danzónes*, später auch *Chachachá*.

Clave: Kubanisches Musikinstrument, das in Havanna erfunden wurde. Es besteht aus zwei Zylindern – jeder ungefähr 25 Zentimeter lang –, die aus hartem und wohlklingendem Holz hergestellt werden. Man spielt die Claves, indem man einen Zylinder auf den anderen schlägt und legt damit den Grundrhythmus der Musik fest.

Conga: 1) Zwei fassförmig gebauchte große Trommeln, die mit den Handballen gespielt werden und seit Arsenio Rodríguez zur Standardbesetzung der Conjuntos und großen Orchester zählen.

2) Tanzmusik, die im Karneval die Comparsas begleitet und ursprünglich von den schwarzen Sklaven bei ihren Festen gespielt wurde. Dabei werden viele Arten von Trommeln verwendet: Conga, Tumbadora, Quinto, große Verpackungskisten, kleine Glocken, Bratpfannen und andere Metallobjekte.

Conjunto: Ein Typus von Orchester, der in den vierziger Jahren aus den Septetos entstanden war, aber mit einer größeren Zahl von Musikern spielte. Die Conjuntos beherrschen alle möglichen Stile, vorwiegend aber Son, Bolero und *Guaracha*. Generell besteht die Besetzung aus Klavier, Kontrabass, Bongo- und Conga-Trommeln, einer Gitarre, vier Trompeten und drei Sängern. Das Lead-Instrument der Conjuntos ist der Tres.

Contradanza criolla: Europäischer Tanz, der in der zweiten Hälfte des 18. Jahrhunderts von den Franzosen auf Kuba eingeführt wurde.

Danzón: Elegante Salonmusik, die ihren Ursprung in den kreolischen Tanzstilen hat. Miguel Faílde komponierte im Jahr 1879 den ersten *Danzón* mit dem Titel „Las Alturas de Simpson". Der dazugehörige Tanz ist langsamer, rhythmischer und abwechslungsreicher als die *Contradanza*.

Danzonete: Tanz- und Gesangsmusik, die aus dem *Danzón* hervorgegangen ist und auch Einflüsse des Son verarbeitet. Die erste Komposition im *Danzonete*-Stil hieß „Rompiendo la Rutina" und wurde 1929 von Aniceto Díaz in Matanzas geschrieben.

EGREM: *Estudios de Grabaciones y Ediciones musicales.* Name des Aufnahmestudios in der Calle San Miguel, das in den vierziger Jahren von der amerikanischen Firma RCA Victor gebaut wurde und mittlerweile kubanisches Staatseigentum ist. Schauplatz der Aufnahmen von *Buena Vista Social Club.* Auch die regierungseigene Plattenfirma trägt den Namen EGREM.

Filin/Feeling: Sehr emotionaler Gesangsstil, der in den vierziger Jahren aus dem Bedürfnis entstand, die alten *Trova*- und Bolero-Formen zu modernisieren. *Filin* ist stark von nordamerikanischer Jazzharmonik geprägt und etablierte eine Vielzahl von Sängern, Komponisten und Arrangeuren, die die kubanische Musik der folgenden Jahrzehnte revolutionierten.

Guajira: Ländliche Musik, die bei Festen gespielt wird und bukolische Themen aus dem Leben der Bauern abhandelt. Celina González ist die berühmteste Sängerin der *Guajira.*

Guajiro: Kubanische Bezeichnung für Bauern oder Menschen, die auf dem Land leben.

Guaracha: Kubanischer Tanz- und Gesangsstil, der spanische und afrikanische Ursprünge hat. Im 19. Jahrhundert war die *Guaracha* eng mit den musikalischen Komödien verbunden. Später emanzipierte sie sich als eigenständige Tanzmusik.

Mambo: Aus dem *Danzón* entwickelter Tanzstil, der den Rhythmus stärker synkopiert und mit ungezügelten Schreien und exzessiven Bläserriffs eine Art „Dschungelklang" produziert. ‚Damaso' Pérez Prado machte den Mambo in den fünfziger Jahren weltweit bekannt.

Mozambique, Pa'cá, Wa-wa, Coyunte, Chiquichaca: Populäre kubanische Tanzmoden der sechziger Jahre.

Nueva Trova: Erneuerungsbewegung, die in den sechziger Jahren antrat, um die gefühlvollen Lieder der alten *Trova* den neuen Zeiten anzupassen und auch politische und gesellschaftliche Themen aufzunehmen. Die berühmtesten *Nueva Trova*-Sänger sind Silvio Rodríguez und Pablo Milanés.

Paila: Perkussionsinstrument, das, ähnlich wie die Timbales, für markante rhythmische Breaks verwendet wird. Die längst aus der Mode geratenen *Pailas* kamen vor allem in den *Danzón*-Orchestern am Ende des 19. Jahrhunderts zum Einsatz.

Rumba: Ein Tanz und eine Musikform, die in den Cabildos, den Versammlungsorten der Schwarzen, entstanden waren. Die Rumba zelebrierte auf primitivsten Instrumenten wie Kabeljaukisten und Schranktüren eine Musik von polyrhythmischer Dichte – bei Festen konnte sie ekstatischen Charakter annehmen. Die einzelnen Stile der Rumba heißen *Yambú, Columbia* und *Guaguancó*. Wobei vor allem der letztere weit über die folkloristischen Grenzen hinaus populär geworden ist.

Sabor: Unter Musikern häufig gebrauchter Begriff, der Reibungshitze und Würze des Klanges bezeichnet, die durch eine besonders gelungene Interaktion der Instrumentalisten entstehen.

Santería: Afrokubanische Religion der Sklaven vom Stamme der Yoruba. Die Oríshas, wie die Götter der *Santería* genannt werden, wurden hinter den Namen von katholischen Heiligen versteckt, um einem möglichen Verbot des Kultes durch die spanische Kolonialregierung entgegenzuwirken.

Salsa: Kommerzielle Tanz- und Vokalmusik, die den kubanischen Son mit anderen karibischen Musikstilen wie *Plena* und *Merengue* und amerikanischem Funk verschmilzt. Die Salsa ist der populärste und erfolgreichste Musikstil in ganz Lateinamerika. Puristen sehen darin allerdings eine Verwässerung der klassischen Genres.

Sextetos/Septetos: Instrumentale Erweiterungen der traditionellen, kargen Son-Besetzungen, die dazu beitrugen, dieses Genre zum populärsten auf ganz Kuba zu machen. Der Schritt vom Sexteto zum Septeto erfolgte durch Hinzunahme einer Trompete, die den Klang der Truppe entscheidend prägte.

Son: Populärster kubanischer Musikstil, der bis hin zur Salsa in der ganzen lateinamerikanischen Musik Spuren hinterlassen hat. Der Son entstand in der zweiten Hälfte des 19. Jahrhunderts im kubanischen Osten (Guantánamo, Baracoa, Manzanillo, Santiago de Cuba) und verband Elemente der afrikanischen Musik der Bantu und spanische Liedformen. 1909 kam der Son nach Havanna und ließ die etablierten *Danzón*-Orchester bald weit hinter sich. Der endgültige Durchbruch gelang in den zwanziger Jahren mit populären Gruppen wie dem Sexteto Habanero und dem Sexteto Nacional. Der rauhe, ungeschliffene Son wurde lange Zeit als Musik der niederen Volksschichten verachtet und gefürchtet – zeitweise sogar verboten. Komponisten wie Arsenio Rodríguez und Ignacio Piñeiro und herausragende Instrumentalisten wie der Trompeter Félix Chappottín setzten den Son allerdings innerhalb weniger Jahre als legitime Kunstform durch.

Sucu Sucu: Onomatopoetischer Name für eine Tanzmusik, die mit dem Son verwandt ist und hauptsächlich auf der Isla de la Juventud gepflegt wird.

Timbales: Ein Instrument, das aus zwei Trommeln besteht, die in einer metallischen Halterung auf einem Dreifuß befestigt sind. Timbales sind eine Weiterentwicklung der *Tímpanis* und *Pailas*, die in den *Danzón*-Orchestern zu Beginn des 20. Jahrhunderts zum Einsatz kamen.

Tres: Typisches kubanisches Saiteninstrument, der Gitarre ähnlich. Der Tres hat drei Doppelsaiten aus

Stahl, wird mit einem Plektron gespielt und vor allem in Son- und *Punto Guajiro*-Bands verwendet.

Trova, trovador: Unter dem Begriff *Trova* lassen sich verschiedene Liedformen wie Bolero und *Guaracha* bündeln. Die *Trova* entstand im 19. Jahrhundert in Santiago de Cuba und wird meist von zwei Stimmen zu Gitarrenbegleitung interpretiert. Der erste berühmte *trovador* war der Schneider Pepe Sánchez, dessen Schüler Sindo Garay die gefühlvollen, intimen Klänge auf ganz Kuba verbreitete. Die *Trova*-Sänger machten eine Musik der Straße, spielten in Parks sowie bei Serenaden und trugen mit ihren Texten dazu bei, eine kubanische Identität zu formen.

Tumbadora: Eine Trommel in länglicher, zylindrischer Form, bestehend aus Holzlatten, die mit Metallringen zusammengehalten werden. Beide Enden sind mit Leder bezogen.

Kuba Kompakt:
100 Tonträger mit kubanischer Musik –
Das kleine Brevier für Einsteiger

A Toda Cuba Le Gusta, AFRO CUBAN ALL STARS
(World Circuit WCD 047)
Zeitgleich mit *Buena Vista Social Club* veröffentlichte
Juan de Marcos González diese Hommage an die Orchester der fünfziger Jahre auf. Retro-Klänge, gespielt
von einem Ensemble aus Veteranen und Nachwuchs-
kräften. Virtuose Solos, klangliche Brillanz.

Distinto, diferente, AFRO CUBAN ALL STARS
(World Circuit WCD 058)
Zweiter Streich der All Stars: Ein Bataillon von mehr als
50 Musikern und Sängern veredelt das klassische Repertoire. Bandleader Juan de Marcos leistet sich ein paar
schräge Innovationen und unerwartete Stilmischungen
– doch das Fünfziger-Jahre-Klangbild bleibt intakt.

Que me digan feo!, PACHO ALONSO
(RCA Victor Cubano L. P. D. 549)
Der Erfinder des *Ritmo Pilón* und ehemalige Chef von
Ibrahim Ferrer mit einer Kollektion leichter, schwung-
voller Kompositionen aus den sechziger Jahren. Alonsos
geschmeidige Entertainerstimme mischt sich gut mit
den jazzigen Gitarrenharmonien.

La Emperatríz del Danzonete, PAULINA ÁLVAREZ
(EGREM 0048)
Man nannte sie die Herrscherin des *Danzonete*, jenes

Stils, der die gravitätische Eleganz des instrumentalen *Danzón* mit Gesang verband. Üppige, plüschige Arrangements und eine voluminöse, leidenschaftliche Stimme.

Las Leyendas de la Música Cubana, ORQUESTA AMÉRICA WITH CUBAN ALL STARS (4 CDs, Tumi Gold TMG Box 1)

Etwas oberlehrerhaft mutet die Klassifizierung der vier CDs in Bolero, *Danzón*, *Chachachá* und *Guaracha-Son* an. Aber das Orchester ist gut besetzt und eine Fülle herausragender Stimmen (Omara Portuondo, Celina González, Roberto Sánchez) macht die Geschichtslektion aus dem Jahr 1997 zum Genuss.

Quién sabe sabe, ORQUESTA ARAGÓN (Lusafrica 262.61)

Eines der wenigen Tanzorchester aus der glorreichen Epoche der vierziger und fünfziger Jahre, die bis heute überlebt haben. Der Sound liegt zwischen *Chachachá* und *Danzón*. Bei dieser Aufnahme aus dem Jahr 1998 konnte das Orchester wenigstens noch einen Schimmer des früheren Glanzes in die Gegenwart retten.

Danzón Mambo, ARCAÑO Y SUS MARAVILLAS (Tumbao TCD-029)

Diese Kollektion mit Aufnahmen von 1944 bis 1951 enthält den ersten Mambo der Musikgeschichte, geschrieben von Orestes López. Arcanos berühmtes Ensemble im Übergang vom etwas steifen *Danzón*-Orchester zur heißen Tanzboden-Truppe.

Fanfare Cubaine, LA BANDA MUNICIPAL
DE SANTIAGO DE CUBA
(Buda Records 92724)
Eine CD mit Kuriositätenwert: Das Stadtorchester von
Santiago de Cuba, in dem Compay Segundo einst Klari-
nette spielte, mit Aufnahmen aus dem Jahr 1997. Netter-
weise ist auch „Chan Chan" in einer herzhaften Blasmu-
sik-Version in das Repertoire integriert.

Tiene Sabor, ABELARDO BARROSO
Y LA ORQUESTA SENSACIÓN
(EGREM CD 0025)
Die kaputteste und intensivste Stimme, die Kuba zu bie-
ten hat, mit einem Liederzyklus, der die Flöten und Gei-
gen des *Danzón* genauso würdigt wie die schwarzen
Trommelkünste der Rumba.

Abelardo Barroso, ABELARDO BARROSO
(EGREM/Areito LD-4492)
Jede Aufnahme des *gran Caruso* ist hochwillkommen;
vor allem, weil nicht allzu viele Platten auf dem Markt
verfügbar sind. Herausragend ist Barrosos Version von
„Lágrimas negras", die das eigentlich zu Tode gesungene
Lied noch einmal völlig neu definiert.

Messidor's Finest, Volume 1, MARIO BAUZÁ
(Messidor 15842)
Der ehemalige Startrompeter von Machito hatte schon
als junger Mann in New York den Jazz aufgesogen und
mit Chick Webb und Cab Calloway gespielt. In seiner eigenen Gruppe fusionierte er Improvisation und dynami-
sche Perkussion zu einem hochprozentigen Gemisch.

Buena Vista Social Club, Buena Vista Social Club
(World Circuit WCD 050)
Der Klassiker des Kuba-Booms: Unter der diskreten Klangregie von Ry Cooder steigern sich die Altmeister Compay Segundo, Rubén González, Ibrahim Ferrer und Omara Portuondo zu interpretatorischen Höchstleistungen.

Canta lo Sentimental, Elena Burke
(EGREM CD 0069)
Die, neben Omara Portuondo, größte Sängerin der *Filin*-Bewegung mit Aufnahmen aus den frühen neunziger Jahren. Die Arrangements lehnen sich unerfreulich stark an den amerikanischen Mainstream an. Aber die Stimme kann Mauern zum Einstürzen bringen!

Master Sessions, Volume 1, Cachao
(Crescent Moon/Epic 64320)
Der Kontrabassist Israel ‚Cachao' López ist einer der Miterfinder des Mambo.
Mittlerweile über 80, gehört er immer noch zu den temperamentvollsten Vertretern der *Descarga*, jener Musikform, die kubanische Rhythmen mit Jazzimprovisationen verknüpft.

Bongó de Monte, Grupo Changüi de Guantánamo
(EGREM CD 0356)
Changüi ist eine Variation des Son, die vor allem im östlichen Guantánamo gepflegt wird. Die wilden Duelle zwischen Bongotrommeln und Tres unterscheiden sich stark von den gemütlich schaukelnden Rhythmen aus Santiago.

Canción del Alma 1941–1945, Conjunto Casino
(Tumbao TCD 040)
Ein langlebiges Tanzorchester, das seinen künstlerischen und kommerziellen Höhepunkt in den vierziger und fünfziger Jahren erreichte. Das Conjunto Casino spielte in einer Liga mit den beliebten Ensembles von Arsenio Rodríguez und Félix Chappottín. Legendäre Sänger wie Roberto Faz und Orlando Vallejo begannen in dieser Gruppe ihre Karriere.

Adiós Africa, Orquesta Casino de la Playa
(Tumbao TCD 037)
Der Name des Orchesters stammt von dem eleganten Nachtclub, in dem es bevorzugt auftrat. Seine kreativen Köpfe waren der Sänger Miguelito ‚Mr. Babalu' Valdés und der Pianist Anselmo Sacasas. Casino de la Playa trat zwar in weißen Anzügen auf, doch die Musik war pechschwarzes Afrokuba.

El Merenguito, Orquesta Chepín-Choven
(Tumbao TCD 051)
Gründer und Leiter dieses Orchesters war Electo Rosell, den man in der Musikszene „Chepín" nannte. Seine Tanzformation gehörte seit den frühen dreißiger Jahren zu den Großen der Varietés und war zeitweise die Plattform für die Gesangskünste von Ibrahim Ferrer.

Cantando en el Llano, Los Compadres
(Tumbao TCD 061)
Blitzlichter aus der ersten großen Karriere von Compay Segundo. Mit dem gut gelaunt schnarrenden Duo Los Compadres nahm er in den vierziger Jahren jeden Monat

eine Platte auf und feierte damit in ganz Lateinamerika Erfolge. Den Klassiker dieser Platte „Tu novia te botó" hat Segundo auch später immer wieder gespielt.

Tres Señores del Son, Conjunto Chappottín y sus Estrellas (EGREM CD 0012)

Drei hochdekorierte Virtuosen der kubanischen Musik bei einem inspirierten Zusammentreffen: Sänger Miguelito Cuni, Trompeter Félix Chappottín und Pianist Lilí Martínez lassen die Funken sprühen und erkunden das Grenzland zwischen Son und Jazz. Herausragend: die Komposition „Alto Songo", bekannt vom ersten Album der Afro Cuban All Stars.

La Flauta en el Danzón, Alberto Corrales (EGREM/Areito 4399)

Der Flötenspieler Corrales erweckt bei dieser Aufnahme von 1988 mit All Star-Besetzung (Frank Emilio, Klavier; ‚Cachaíto' López, Bass) den *Danzón* zu neuem Leben. Besonders gelungen: eine stimmungsvolle Interpretation der Komposition „Social Club de Buena Vista" von Orestes López.

Nuestro Hombre en La Habana, José Luis Cortés y NG La Banda (O. K. Records CD 9471)

Die Truppe des Flötisten José Luis Cortés spielt vorwiegend Salsa mit durchwachsenen Ergebnissen. Diese Produktion allerdings ist der ambitionierte Versuch einer experimentellen Jazz-Suite, die afrokubanische Trommeln mit elektronischen Studiotricks verbindet.

La Guarachera de Cuba, CELIA CRUZ CON
LA SONORA MATANCERA
(Tumbao TCD 091)
Celia Cruz ist auf Kuba nicht mehr allzu gut gelitten, seit
sie das Land vor Jahrzehnten in Richtung Miami verlassen hat. Ihren Rang als eine der größten kubanischen Sängerinnen stellt allerdings niemand in Frage. Diese Platte
aus den frühen fünfziger Jahren präsentiert Celia Cruz,
stimmlich blendend disponiert, hauptsächlich mit
schnellen, rhythmisch zupackenden Kompositionen.

An Evening at the Sans Souci, CUARTETO D'AIDA
(RCA Victor LPM-1532)
Meisterhaftes Live-Dokument der Vokalgruppe von Aida
Diestro mit den Sängerinnen Omara Portuondo und Ele-
na Burke. Liebevoll arrangierter Viergesang zwischen
Chachachá und Bolero. Inklusive einer Version des Gas-
senhauers „Matilda".

Reencarnación, CUBANISMO!
(Hannibal Records HNCD 1429)
Cubanismo-Chef Jesús Alemany ist ein technisch bril-
lanter Trompeter, der mit seinem Ensemble phantasie-
voll zwischen Mambo, Son und *Guaracha* navigiert. Cubanismo bieten eine besonders hitzige Synthese
traditioneller kubanischer Tanzstile und streben mit
starken Jazzeinflüssen internationale Wirkung an.

Con la Rondalla venezolana, BARBARITO DIEZ
(EGREM/Areito LD 4308)
Der Gentleman des Bolero: Melancholisches Gesicht,
verführerisch weiche Stimme. Im Jahr 1935 trat er in das

Orchester Antonio María Romeu ein, das er nach dessen Tod übernahm. Mit seinem samtigen Timbre war er zeitweise der beliebteste Bolerosänger Kubas.

Algo Bueno, FRANK EMILIO-GUILLERMO BARRETO Y SU CUBAN-JAZZ COMBO
(Caney CCD 515)

Der blinde Pianist Frank Emilio Flyn, der aus der *Filin*-Bewegung kommt, mit einem kammermusikalischen Improvisations-Opus von 1960. Bemerkenswert durch die Mitwirkung des Conga-Künstlers Tata Güines. Der Weg zum Cocktail-Jazz ist allerdings nicht weit.

Mi Tierra, GLORIA ESTEFAN
(Epic/Sony Music 473799)

Die exilkubanische Disco-Queen aus Miami besinnt sich bei dieser Produktion aus dem Jahr 1993 ihrer musikalischen Herkunft. Neue Lieder, die den Geist der *múscia tradicional* atmen. Etwas glatt produziert, aber von erstaunlicher Sensitivität und klanglicher Brillanz.

Los Heroes, ESTRELLAS DE AREITO
(2 CDs World Circuit WCD 052)

Gipfeltreffen der größten kubanischen Improvisationskünstler in den siebziger Jahren. Flötist Richard Egües, Tres-Spieler Niño Rivera, Pianist Rubén González und viele andere überbieten sich bei dieser Sternstunde der Improvisation mit spontanen Ideen und zupackenden Soli. *Caliente!*

Roberto Faz, Conjunto Roberto Faz
(EGREM/Siboney LD-373)
Roberto Faz war Kinderstar der Gruppe Champán Sport und konnte sich mit dem Conjunto Casino später auch als erwachsener Sänger durchsetzen. Seine schneidende Stimme und die peitschenden Rhythmen seiner Gruppe machten ihn zum heißen Tipp für alle Tanzveranstaltungen.

Buena Vista Social Club presents, Ibrahim Ferrer
(World Circuit WCD 055)
Solo-Debüt mit 72 Jahren! Das späte Coming-Out des ewigen Background-Sängers als gefühlvoller Bolero-Interpret. Mit den unentbehrlichen Hits „Marieta" und „Silencio".

Mi Oriente, Ibrahim Ferrer con Chepín
y su Orquesta Oriental
(Tumbao TCD 704)
Bei dieser Produktion von 1960 tritt Ibrahim Ferrer als Son-und *Danzón*-Interpret auf. Achtung! Wer sich in gefühlvolle Lieder wie „Cómo fue" oder „Herido de Sombras" verliebt hat, bekommt hier wenig dergleichen geboten.

Historia de la Trova, Sindo Garay
(EGREM/Areito LD 3109)
Leider keine Originalaufnahmen des legendären Sängers und Komponisten – die scheinen derzeit vom Plattenmarkt verschwunden zu sein –, sondern Nachempfindungen einer Gruppe mit dem Namen Trovadores Cubanos. Die Platte gibt immerhin einen Eindruck vom

melodischen und harmonischen Reichtum der Stücke „Tardes grises", „Germania" und „El Huracán y la Palma".

Introducing Rubén González, Rubén González
(World Circuit WCD 049)
Die erste Platte von Rubén González unter eigenem Namen nach mehr als 50 Jahren im Musikgeschäft. Ein gut abgeschmecktes Repertoire aus kubanischen Tanzklassikern wie „La Engañadora" und lange, inspirierte Klaviersoli. Ein Meisterstück der Improvisation.

Rapindey, Marcelino Guerra
(Nubenegra INT 3185)
Der Gitarrenspieler und Komponist aus Cienfuegos war Mitglied des Septeto Nacional von Ignacio Piñeiro. Mit Stücken wie „Buscando la Melodía" und „Me voy pal pueblo" etablierte er sich in den dreißiger Jahren als eigenständiger Interpret der Son- und Bolero-Tradition.

Aniversario, Tata Güines
(EGREM CD 0156)
Der größte lebende Rumba-Perkussionist bietet auf dieser CD ein breitgefächertes Programm, das die verschiedenen Stile dieser folkloristischen Tanzmusik vorstellt: *Yambú*, *Columbia* und *Guagancó*. Trommelkunst de luxe!

Fellove, Conjunto Habana
(EGREM/Areito LD3803)
Diese Gruppe gehört nicht zu den großen Namen der kubanischen Musik. Aber ihre Platte besticht durch eine seltene klangliche Transparenz und eine unerhörte

rhythmische Dynamik. Ihre Version von Nino Riveras „El Jamaiquino" bleibt unübertroffen.

Catalina, IRAKERE
(Messidor 115955)

Obwohl Irakere auf Kuba seit Jahrzehnten zu den wichtigsten Ensembles gezählt wird, gleitet deren Mischung aus Jazz und Salsa häufig entweder ins Geschmäcklerische oder ins Kitschige ab. Auf dieser Platte aus dem Jahr 1986 stimmt jedoch alles: starke Rhythmen, afrokubanisches Trommelfeuer und inspirierte Soli.

Soñaron los Cañonazos, LAÍTO Y SU SONORA
(Ahi-Namá Music 1008)

Der vor kurzem verstorbene Sänger, der eigentlich Estanislao Sureda Hernández hieß, pflegte einen rhythmischen, treibenden Son-Stil; mit dem Pianisten Eduardo Hernando Expósito hatte er einen Ausnahmekönner in seiner Truppe.

El Montunero de Cuba, PÍO LEYVA
(ARTEX 094)

Der aus dem Wim-Wenders-Film bekannte Witzbold legt hier eine erstaunlich modern klingende Produktion vor, die die afrokubanischen Polyrhythmen gewinnbringend mit poppigen Arrangements mischt.

El Montunero de Cuba, PÍO LEIVA
(EGREM CD 0322)

Trotz des gleichen Titels eine völlig andere Platte. Auch die Schreibweise des Namens wurde geändert. Hier bettet der *Montunero* seine durchdringende Stimme in eher konventionelle Big Band-Arrangements. Schöne Version des Klassikers „Anabacoa".

Lamento Esclavo, ANTONIO MACHÍN
(Tumbao TCD 053)

Antonio Machín erwarb mit seiner Version von „El Manisero" frühen Ruhm. 1936 ließ er sich 32-jährig in Spanien nieder und bezauberte als Kubaner in Madrid jahrzehntelang das europäische Publikum.

Tremendo Cumban, MACHITO AND HIS AFRO-CUBAN ORCHESTRA
(Tumbao TCD 004)

Der Perkussionist und Orchesterchef Machito war einer der Ersten, die an einer Fusion von Jazz und afrokubanischen Klängen bastelten. Mit seiner hochkarätig besetzten Band, der auch der legendäre Trompeter Mario Bauzá angehörte, machte er seit den vierziger Jahren in New York Furore.

Una Aventura Loca, MANOLÍN, EL MÉDICO DE LA SALSA
(Besame Mucho Records CD 9442)

Der Arzt, der zum Salsa-Sänger wurde: Manuel González Hernández duelliert sich seit Jahren mit Paulito Fernández um den Titel der Nummer eins. Live ein Feuerwerk, die Platten sind etwas seicht.

Sonando!, MARACA
(Ahi Nama Music 1018)

Der junge Flötenvirtuose Orlando ‚Maraca' Valle, früher Mitglied der Jazzpioniere Irakere, entwirft hier unter

Mitwirkung von viel Prominenz (Compay Segundo, Pío Leyva, Los Muñequitos de Matanzas) ein farbenprächtiges Klanggemälde der zeitgenössischen kubanischen Musik und beeindruckt mit halsbrecherischen Improvisationen.

Son de la Loma, MATAMOROS TRIO
(EGREM 0105)

Miguel Matamoros war einer der größten Komponisten und Interpreten des Son. Seine Lieder werden auch heute noch an jeder Straßenecke gespielt. Diese Kollektion bietet sechzehn „Greatest Hits", darunter „Lágrimas negras" und „Son de la Loma".

El Reino de la Rumba, CELESTE MENDOZA
Y LOS PAPINES
(EGREM CD 0236)

Niemand regiert im Königreich der Rumba so souverän wie die voluminöse Sängerin Celeste Mendoza. Diese Platte lockert allzu dogmatische folkloristische Urwüchsigkeit erfolgreich durch populäre Zwischentöne auf.

Años Vol. III, PABLO MILANÉS
(PM Records CDPM 2007)

Der *cantador* Milanés mit dem Hang zur Traditionspflege lud schon fünf Jahre vor *Buena Vista* Compay Segundo zu einer Plattenproduktion ein. Hier findet sich, neben vielen anderen Klassikern, auch eine schlanke, abgerüstete Version von „Chan Chan".

Filin III, PABLO MILANÉS
(Universal FMD 756067)

Platten mit Liedern aus der *Filin*-Bewegung sind kaum erhältlich. Diese Neuinterpretationen des *Nueva Trova*-Meisters Milanés geben eine Vorstellung von dem harmonischen Reichtum des *Filin*.

El Bárbaro del Ritmo, BENY MORÉ WITH
PÉREZ PRADO AND HIS ORCHESTRA
(Tumbao TCD 010)

Die definitive Mambo-Platte, aufgenommen in Mexiko zwischen 1948 und 1950. Das Orchester von Pérez Prado macht rhythmisch Druck, die Bläser produzieren ungezügelte Dschungel-Sounds. Und Beny Moré profiliert sich als herrische, dominante Stimme im Hexenkessel.

De Verdad, BENY MORÉ
(EGREM CD 0008)

Während der verstorbene Sänger und Orchesterchef Beny Moré in Kuba als National-Heiliger verehrt wird, kennt ihn in Europa kaum jemand. Diese Kollektion ist eine gute Einführung: vom seelenvollen Bolero „Mi Amor fugaz" über die Rhythmusorgie „De la Rumba al Chachachá" bis zu seinem bekanntesten Titel „Qué bueno baila usted".

Mi Son tiene piel morena, LOS NARANJOS
(EURO tropical EUCD 13)

Die Besten aus Cienfuegos sind auch schon seit 70 Jahren unter diesem Namen aktiv – dagegen wirken die Rolling Stones richtig jugendlich. Die aktuelle Edition der Naranjos ist strikt auf Denkmalpflege-Kurs: bewegungsfreudiger Son mit kreolischem Aroma und besonders lebhafter Trompete.

Santería – Música Afrocubana, Grupo Oba-Ilu
(Soul Jazz Records SJR CD 038)
Afrokubanische Huldigungen an die Götter der *Santería*-Religion: Elegguá, Ochún, Changó, Babalú Aye. Nur Gesang und die Polyrhythmen der heiligen Batá-Trommeln. Klanglich sehr transparent aufgenommen.

Son de Santiago, Eliades Ochoa y Cuarteto Patria
(Edenways Records EDE 2010)
Eliades Ochoa ist mit knapp über 50 mit Abstand der jüngste der alten Buena Vista-Meister. Mit seinem Cuarteto Patria kultiviert er die große Son- und *Trova*-Tradition aus Oriente. Kompositionen von Pepe Sánchez, Moisés Simons, Manuel Corona und Compay Segundo. Besonders schöner Harmoniegesang und ein federleichter Swing.

Eliades Ochoa & Compay Segundo, Eliades Ochoa &
Compay Segundo, Cuarteto Patria
(Edenways Records EDE 2012)
Gipfeltreffen des Altmeisters Segundo mit seinem Schüler Eliades Ochoa. Eine gut gelaunte Einspielung zweier Könner, die gelassen und spielfreudig ein Programm mit „Greatest Hits" aus Oriente abspielen.

El Tren de la Vida, Faustino Oramas, el Guayabero
(EUROtropical EUCD 15)
Der Sänger, der nach seinem berühmtesten Lied allgemein als *el Guayabero* bekannt ist, pflegt einen lässigen, wortreichen *Guaracha*-Stil ohne Rücksicht auf perfekte

Gesangstechnik – eine Art kubanischer Bob Dylan. Seine Komposition „Candela" wurde für *Buena Vista Social Club* aufgenommen.

Órgano Hermanos Ajo, Órgano Hermanos Ajo (EGREM/Siboney LD 410)

Eine Spezialität aus Manzanillo: Aus Europa importierte Orgeln wurden bei Tanzfesten aufgestellt und brachten in Verbindung mit einer deftigen Rhythmusgruppe die Tänzer in Schwung. Die Hermanos Ajo sind würdige Vertreter dieser aussterbenden Tradition.

Sofocándote, Paulito f.g. y su Elite (Magic Music C-0016-3)

Pablo Fernández ist auf Kuba derzeit der beliebteste der jungen Salsa-Sänger. Harter elektrischer Sound, knackige Bläsersätze, viel Rhythmus und banale Schlagertexte.

Septeto Nacional, Ignacio Piñeiro and his Septeto Nacional (Tumbao TCD 019)

Ignacio Piñeiro ist Schöpfer von 327 *Canciones* in allen geläufigen Stilen – von Afro-Son bis *Pregón*. George Gershwin bediente sich für seine „Kubanische Ouvertüre" bei der Komposition „Échale Salsita". Diese CD sammelt frühe Aufnahmen von 1928 bis 1930.

Son Inconcluso – Temas ineditos de Lilí Martínez, Raul Planas (EGREM CD 0334)

Die im Eduardo-Rosillo-Kapitel beschriebene Prä-*Buena Vista*-Produktion des Son-Sängers und kubanischen

Fernsehstars Raul Planas. Gediegene Interpretationen von unveröffentlichten Werken des großen Pianisten Lilí Martínez unter Mitwirkung von Rubén González und Orlando ‚Cachaíto' López.

Al vaivén de mi carreta, GUILLERMO PORTABALES (Tumbao TCD 084)

Der *trovador* aus Cienfuegos gilt als Schöpfer der *Guajira de salón,* also einer etwas geglätteteren und eleganteren Form der bäuerlichen Musik vom Land. Diese Edition umfasst sein Repertoire aus den dreißiger und vierziger Jahren und stellt Portabales als Solokünstler sowie mit seinem Conjunto vor.

El Carretero, GUILLERMO PORTABALES (World Circuit WCD 043)

Lange vor *Buena Vista* hat Nick Gold seine Liebe zur kubanischen Musik durch Lizenzveröffentlichungen von vergriffenen Klassikern dokumentiert. Darunter auch diese CD, die die Originalversion von „El Carretero", der Moritat vom Schubkarrenfahrer, enthält.

Desafíos, OMARA PORTUONDO & CHUCHO VALDÉS (Nubenegra INT 3237)

Intime Begegnung der Stimme Omara Portuondos mit dem Klavier von Chucho Valdés. Das Improvisationspotential, das im *filin* angelegt ist, wird hier voll entfaltet. Aber über eine Wegstrecke von einer Stunde entpuppt sich das Projekt doch als einigermaßen monoton.

Legendary Sessions, CHANO POZO & ARSENIO RODRÍGUEZ WITH MACHITO AND HIS ORCHESTRA (Tumbao TCD 017)

Chano Pozo war der Conga-Spieler, der den Jazzer Dizzy Gillespie zum begeisterten Kuba-Fan werden ließ. Im Tandem mit Arsenio heizt er den ohnehin schon heißen Sound noch um ein paar Grad auf. Son und Rumba mit Swing und Improvisationslust.

La Explosión del Momento, ORQUESTA REVE (Real World RWCD 4)

Der Perkussionist und Orchesterchef Elio Reve aus Guantánamo machte sich vor allem um die Popularisierung des regionalen *Changüi*-Stils verdient. Berühmt und populär wurde seine Truppe vor allem dank der einfallsreichen und zukunftsweisenden Arrangements von Juan Formell, der später Los Van Van gründete.

Niño Rivera, NIÑO RIVERA Y SU CONJUNTO (EGREM/Areito LD 3892)

Der *Tres*-Virtuose Rivera, von den Estrellas de Areito-Sessions in bester Erinnerung, war ein Experimentator, der die Grenzen des Son immer wieder neu verlegte. Diese Platte von 1980 gibt einen Einblick in seine Klangwelt. Am Klavier: Rubén González.

Baracoa, ORQUESTA RIVERSIDE (Tumbao TCD 052)

So wie viele andere Orchester leitete auch das Riverside seinen Namen von dem Tanzclub ab, in dem es eine Art „Hausband" war. Die Gruppe bestach vor allem durch die wandlungsfähige Stimme ihres langjährigen Sängers

Tito Gómez und, bei diesen Aufnahmen, durch die Arrangements und den individuellen Klavierstil von Pedro Justiz ‚Peruchin'.

Dundunbanza, ARSENIO RODRÍGUEZ Y SU CONJUNTO (Tumbao TCD 043)

Der ‚wunderbare Blinde', der die Conga-Trommel in der kubanischen Tanzmusik populär gemacht hat, präsentiert auf dieser Zusammenstellung einige seiner erfolgreichsten Kompositionen, darunter „Dundunbanza" und „No me llores más". Aufgenommen von 1946 bis 1951, kurz bevor Arsensio in die USA emigrierte.

El Mago de las Teclas, ORQUESTA ANTONIO MARÍA ROMEU (Tumbao TCD 067)

Romeu ist Begründer der *Charanga francesa* mit Geigen- und Pianobesetzung und Komponist des legendären *Danzón* „Tres lindas Cubanas". Bei allen historischen Verdiensten klingt diese Musik heute doch arg angestaubt.

Roberto Sánchez, ROBERTO SÁNCHEZ (EGREM/Areito LD 3490)

Der altgediente Bolero-Sänger, der heute noch im Lokal Dos Gardenias auftritt, mit einem Liederzyklus aus jüngerer Zeit. Gediegene Interpretationen, aber etwas glatt und ohne spürbare Gefühlswallungen.

Adiós Compay Gato, Nico Saquito
y sus Guaracheros de Oriente
(Tumbao TCD 705)
Saquito ist der König der *Guaracha,* jenes Stils, der zu rustikaler Begleitung deftigen Wortwitz pflegt. Aber auch das Gefühl kommt bei diesen Aufnahmen aus den fünfziger Jahren mit „Lágrimas negras" und „Frutas del Caney" nicht zu kurz.

Good-bye Mr. Cat, Nico Saquito
(World Circuit 035)
Die letzten Aufnahmen des großen *Guaracheros,* aufgenommen 1982 in seiner Geburtsstadt Santiago. Ein abgeklärter, karg instrumentierter Rundblick auf seine berühmtesten Lieder, darunter „María Cristina" und „Adiós Compay Gato".

Son del Monte, Compay Segundo
(Actual Records 90 2026-139)
Diese beste Dokumentation der Karriere von Compay Segundo nach den Compadres beginnt 1956 und endet 1989. Kleine Instrumentalbesetzungen mit markanten Trompetensoli und schlanke Arrangements, die sich wohltuend von den etwas aufgeblähten Produktionen aus jüngerer Zeit abheben.

Las Raices del Son, Sexteto Habañero
(Tumbao TCD 009)
Die großen Konkurrenten von Ignacio Piñeiros Truppe im „Krieg der Sextetos" in den zwanziger Jahren. Purer, unverschnittener Son, veredelt durch die schnarrende, verächtliche Stimme Abelardo Barrosos.

Orgullo de los Soneros, SEPTETO HABAÑERO
(Lusafrica/BMG 56725 26257)
70 Jahre lang hat das Sexteto Habañero, das sich inzwischen zum Septeto erweitert hat, durchgehalten, ohne seinen Stil groß zu ändern. Die Originalmitglieder sind längst alle tot. Mittlerweile vertraut das Ensemble vor allem dem Kompositionstalent von Germán Pedro Ibañez, der erst seit bescheidenen 35 Jahren zur Gruppe gehört.

Tibiri Tabara, SIERRA MAESTRA
(World Circuit WCD 051)
Das Ensemble des späteren Afro Cuban All Stars-Leaders Juan de Marcos González begann in den siebziger Jahren, die in Vergessenheit geratene kubanische Musiktradition aufzuarbeiten. Makellose Rekonstruktionen klassischer Sones. Was ein wenig fehlt, ist der *sabor* der Originale.

A Bayamo en Coche, SON 14
(EGREM 3834)
Son 14 sind im Osten Kubas die beliebteste zeitgenössische Tanzformation und siedeln ihre Musik an der Schnittstelle zwischen Son und Salsa an. Adalberto Álvarez, der die Gruppe einst gründete, hat sich inzwischen von Son 14 getrennt und ist mittlerweile als Solo-Sänger ein Star.

Ahi Viene, LA SONORA MATANCERA
(Palladium Records PCD 132)
Die 1924 in Matanzas gegründete Formation war viele Jahrzehnte lang aktiv und hält wahrscheinlich den Rekord an berühmten Sängern, die zeitweilig Mitglied wa-

ren: Celia Cruz, ‚Laíto' Sureda, Raul Planas, Roberto Torres. 1960 wanderte die Sonora nach New York aus und festigte ihren Ruf als kreative Zelle der lateinamerikanischen Musik.

Guagancó Callejero, SENÉN SÚAREZ
(Tumbao TCD 048)

Der ehemalige Mitstreiter von Nico Saquito emanzipierte sich in späteren Jahren von seinem Chef und führte eine Gruppe an, mit der er vor allem Rumba und *Guagancó* kultivierte. Bei diesen Aufnahmen aus den frühen fünfziger Jahren singt er im Duett mit dem legendären ‚Laíto' Sureda.

Boleros, JOSÉ TEJEDOR
(EGREM/Areito LD-4266)

Einer der größten Stilisten des Bolero, der von 1959 bis zu seinem Tod im Jahr 1991 seine Kunst fast ausschließlich in den Dienst des gefühlvollen Liedes stellte. Tejedor entwickelte einen zarten, individuellen Ausdruck und ein sehr persönliches Repertoire, vorwiegend mit Liedern weniger bekannter Komponisten.

Eterna Melodía, TÍPICO ORIENTAL
(Suavecito CD 9559)

Noch eine Gruppe von rüstigen Senioren aus dem Osten Kubas, die mit spärlicher Instrumentierung den Son hochleben lässt. Der Schwerpunkt liegt hier auf inbrünstigem Harmoniegesang und getragenen Tempi.

Lo Mejor de la Timba Cubana, Vol. II, CHUCHO VALDÉS
(EGREM CD 0243)
Der Irakere-Chef und begnadete Klavier-Improvisator
Valdés hat für dieses ambitionierte Projekt ein All Star-
Treffen inszeniert: Virtuosen wie der Flötist Richard
Egües, der *Salsero* Paulito f. g., der Pianist Frank Emilio
Flyn und der Trommler José Luis Quintana haben auf
den bis zu 20 Minuten langen Jazzsuiten reichlich Raum
zur Entfaltung.

Ache II, MERCEDITAS VALDÉS
(EGREM/Areito LD 4498)
Die große Interpretin des afrokubanischen Repertoires
im Dienste der Götterverehrung hier in ihrer „weltli-
chen" Inkarnation. Elegantes Wechselspiel zwischen ge-
fühlvollem Bolero und temperamentvollem *Son Montuno.* Plus einer besonders eindringlichen Version von „La
vida es un sueño".

Inolvidables, MIGUELITO VALDÉS
(Verve 559 807-2)
Der Mann, der ‚Mr. Babalu' genannt wurde, spielte mit
den Orchestern Casino de la Playa und Xavier Cugat.
Wanderte in die USA aus und glänzte vor allem als Inter-
pret afrokubanischer Conga-Rhythmen.

De Cuba Los Van Van, LOS VAN VAN
(EGREM-ARTEX CD 005)
Juan Formells *Charanga* neuen Stils brachte elektrische
Instrumente in die kubanische Musik und ist das Binde-
glied zwischen der *música tradicional* und der moder-
nen Salsa.

The Cuban Legend, MARÍA TERESA VERA
(Edenways Records EDE 2006)
Die größte aller kubanischen *Trova*-Sängerinnen mit einer 24 Stücke umfassenden Werkschau, die alle wichtigen Kompositionen und Interpretationen enthält. Für *Buena Vista*-Fans besonders interessant: die Originalversion von „Veinte Años".

Gusto y Sabor, VIEJA TROVA SANTIAGUERA
(Nubenegra INT 3183)
Die fünf älteren Herren aus Santiago gehören neben Buena Vista zu den erfolgreichsten musikalischen Exporten der Insel. Mit großer Leidenschaft und rhythmischer Durchschlagskraft zelebrieren sie die alte *Trova*: Miguel Matamoros, Manuel Corona, Ignacio Piñeiro.

Bossa Cubana, LOS ZAFIROS
(World Circuit WCD 056)
Doo Wop-Gesangsgruppe, die die harmonische Raffinesse der Platters mit kubanischen und brasilianischen Rhythmen verband. In den sechziger Jahren machten die Zafiros ganz Havanna verrückt – doch die Gruppe zerbrach schließlich an ihrem Hang zum Exzess. Heute sind bereits drei der fünf Mitglieder tot. Leberzirrhose!

Sampler:

Cien Lindas Cubanas
(Network 57 942)
Eine kubanische Spezialität sind die Frauenorchester, die es seit den dreißiger Jahren auf der Insel gibt. Die CD

dokumentiert ein Konzert aus dem Jahr 1994, das alle wichtigen Gruppen zusammenführte, darunter die Genre-Klassiker Anacaona und die auch im Ausland bekannte Salsa-Band Son Damas.

Cuba 1923–1995
(2 CDs, Frémeaux & Associés FA 157)
Die Jahreszahl 1995 im Titel täuscht ein wenig: Im Wesentlichen deckt diese Sammlung die Epoche von der alten *Trova* (María Teresa Vera, Eusebio Delfín) bis zu den großen Tanzorchestern der fünfziger Jahre (Sonora Matancera, Beny Moré) ab. Enthält auch das Original des „Mambo No. 5"von Tito Puente.

Cuba – I am Time
(4 CDs, Blue Jackel BJAC 5010-2)
Etwas didaktisch angelegte Box, die auf vier CDs die gesamte Bandbreite der kubanischen Musik zu dokumentieren versucht. Von Afrokuba bis zum Jazz von Irakere und der Salsa von Manolín. Gut ausgewählte Klangbeispiele, üppig bebildertes und betextetes Booklet. Die noble Verpackung in einer Zigarrenkiste steigert den Kultwert.

Dancing with the Enemy – Cuba Classics 2
(Luaka Bop/Warner Bros. 9 26580)
Selektiver Überblick über die letzten drei Dekaden kubanischer Tanzmusik. Die Rumba-Königin Celeste Mendoza ist ebenso dabei wie die Exzentriker Los Zafiros und die große *trovadora* María Teresa Vera.

Diablo al Infierno! Cuba Classics 3
(Luaka Bop/Warner Bros. 9 45107)

Ein Sampler, der die experimentellen Ränder der kubanischen Musik beleuchtet. Neben den Standardformationen der musikalischen Grenzüberschreitung wie Irakere und Sintesis gibt es auch skurrile Entdeckungen wie die Death Metal-Band Zeus!, an der rein gar nichts an kubanische *sabrosura* erinnert.

El Manisero
(Tumbao TCD 801)

Das berühmte Lied vom Erdnussverkäufer in 25 Versionen, unter anderem von Rita Montaner, Abalardo Barroso und Pérez Prado. Ideales Objekt für eine Studie in vergleichender Musikwissenschaft.

Fiesta de la Rumba
(EGREM CD 0019)

Gut zusammengestellter Einstieg in die intrikaten Polyrhythmen und die emphatischen Gesänge der klassischen Rumba. Die wichtigsten Interpreten der Gegenwart sind hier vertreten: Los Papines, Los Muñequitos de Matanzas, Clave y Guagancó, Celeste Mendoza.

Grandes Orquestas Cubanas de los Años 50
(EGREM CD 0036)

Querschnitt durch das Repertoire der berühmten Tanzorchester aus der glanzvollen Epoche der fünfziger Jahre: Orquesta América, Conjunto Casino, Melodías del 40, Beny Moré y su Banda Gigante – alles, was Rang und Namen hatte, ist mit je einer Komposition vertreten.

Guateque
(EGREM CD 0040)
Der krähende Hahn auf dem Cover sagt alles: Eine
Sammlung von ländlichen Stilen wie *Guajira, Punto* und
Son Montuno, interpretiert von Genregrößen, darunter
Celina González und Ramón Veloz.

Nu Yorica 2!
(Soul Jazz Records SJR CD 36)
In der Latino-Gemeinde von New York fiel die kubani-
sche Musik auf fruchtbaren Boden. Diese Sammlung
präsentiert experimentellen Crossover zwischen Funk,
Salsa und *Santería*. Mit Eddie Palmieri, Cachao und den
Fania All Stars.

Septetos Cubanos: Sones de Cuba
(2 CDs, Suavecito CD 9581)
Ein Überblick über jüngere Son-Gruppen, vorwiegend
aus Oriente. Das Repertoire ist vorwiegend klassisch,
aber die Interpretationen oft von einer herzerfrischen-
den Kaputtheit. Eindrucksvollste Meister der Dekonstruktion: Septeto Soneros San Luís mit „A mi Oriente".

Tabacco & Ron, Volume 1
(Tumi Music 080)
Flaschenpost aus dem zeitgenössischen Kuba: Jüngere
Gruppen wie Rompesaragüey oder Jóvenes Clásicos del
Son mischen die Ingredienzien der traditionellen Musik
zu neuen erregenden Klang-Cocktails, ohne in die Salsa-
Falle zu tappen.

Register

Quellennachweis

Reise nach Havanna von Reinaldo Arenas
© 1999 by edition diá
Drei traurige Tiger von Guillermo Cabrera Infante
© 1995 by Suhrkamp Verlag
Die Geburt des Mondes – Schwarze Geschichten aus Kuba von Lydia
Cabrera
© 1999 by Suhrkamp Verlag
Die Methode der Macht von Alejo Carpentier
© 1992 by Suhrkamp Verlag
Tod in den Anden von Mario Vargas Llosa
© 1997 by Suhrkamp Verlag

Bildnachweis

Archivo Museo de la Música, Cuba: S. 45, 131
Wolfgang Gonaus: S. 67
Familienarchiv Rubén González: S. 90, 162
Marianne Greber: S. 15, 25, 33, 82, 98, 112, 123, 141, 151, 154, 177, 181
Tumbao Cuban Classics, Spanien, S. 61